会展旅游发展策略研究

郭　防　著

哈尔滨工程大学出版社
Harbin Engineering University Press

内 容 简 介

　　本书共七章,涵盖会展旅游综述,会展旅游策划,会展旅游市场营销,会展旅游综合服务管理,会展旅游危机、信息与中介管理,会展旅游发展策略研究,以及会展旅游发展趋势等内容。本书在会展旅游领域具有鲜明的特色和重要的参考价值,为行业的可持续发展注入了新的活力和动力。

　　本书可为会展行业从业者、旅游管理研究人员、市场营销策划人员、政策制定与监管者提供参考和指导。

图书在版编目(CIP)数据

　　会展旅游发展策略研究 / 郭防著. —哈尔滨:哈尔滨工程大学出版社,2024.3
　　ISBN 978-7-5661-4339-6

　　Ⅰ.①会…　Ⅱ.①郭…　Ⅲ.①展览会–旅游–研究
Ⅳ.①F590.7

　　中国国家版本馆 CIP 数据核字(2024)第 064626 号

会展旅游发展策略研究
HUIZHAN LÜYOU FAZHAN CELÜE YANJIU

选题策划	丁　伟
责任编辑	丁　伟
封面设计	李海波

出版发行	哈尔滨工程大学出版社
社　　址	哈尔滨市南岗区南通大街 145 号
邮政编码	150001
发行电话	0451-82519328
传　　真	0451-82519699
经　　销	新华书店
印　　刷	哈尔滨午阳印刷有限公司
开　　本	787 mm×1 092 mm　1/16
印　　张	13.75
字　　数	227 千字
版　　次	2024 年 3 月第 1 版
印　　次	2024 年 3 月第 1 次印刷
书　　号	ISBN 978-7-5661-4339-6
定　　价	65.80 元

http://www.hrbeupress.com
E-mail:heupress@hrbeu.edu.cn

前　　言

　　随着经济社会的发展,会展也发挥出日益重大的助力作用。新的时代条件下,我国经济得到了持久稳健的发展,综合国力得到了大幅提升,国际贸易随之发展的快车道,为会展经济的迅猛发展提供了新的机会和平台。会展旅游成为经济社会发展的新的增长极,其经济发展潜力巨大且发展前景广阔,当前正处于产业转型的黄金期。

　　会展旅游指的是充分利用丰富多样的会议或展览,由此产生相应刺激因素,进而达到预期目的和成效的一种综合旅游产品。由此可以看出,会展业与旅游业密切相关,前者为后者的发展提供助力,产生良好的提升作用;而后者则是前者实现发展的基础和支撑,两者形成互利共赢、相辅相成、深度融合的发展格局,由此产生一种全新的产业实体。

　　受北京奥运会和上海世博会的辐射带动作用,我国会展业近几年实现了快速发展,年度发展均幅高达20%,专业化水平迅速提升,会展规模迅速扩大,并且呈现出鲜明的国际化、品牌化发展特点。据有关方面预测,中国三大会展城市,即北京、上海和广州,形成对旅游者的巨大吸引,尤其是各类展览、节事活动、国际会议、奖励旅游等活动,均蕴含着巨大的发展潜能和商业机会,不仅受到亚太地区的重视,发展为举足轻重的会展中心,而且受到全世界的高度关注，会展经济所带来的综合效应日益明显，已经成为中国旅游业发展的新亮点和增长点。

本书由郑州旅游职业学院郭防著。在本书创作过程中，著者参考和借鉴了一些知名专家及学者的文献著述，在此向他们表示深深的感谢。

由于著者水平有限，书中难免存在瑕疵之处，敬请各位专家、学者和读者朋友给予指正，以待进一步修改，使之更加完善。

著　者

2024 年 1 月

目　　录

第一章　会展旅游综述

第一节　会展旅游的内涵

在人类物质文化活动中,会展以其丰富多样、绚丽多彩、多元广泛、特点鲜明著称,对经济社会各个领域产生重大且深刻的影响。由此催生了一个全新的行业——会展旅游业,其在社会经济发展中发挥出日益重大的作用,受到人们的广泛关注。为更加有力地助推这一行业的发展,产生更为积极的社会效应与经济效应,我们需要以会展活动为切入点,全面深刻地理解会展旅游的实质与内涵。

一、会展业

(一)会展业的内涵

会展业形成的基本条件是会展活动足够成熟,且会展活动能够独立存在。会展业是一种新型产业,是随着社会经济的不断发展、物质的不断丰富及资源配置的不断创新而发展起来的,会展业是具有经济贸易、商务交流、合作洽谈等功能的交叉产业。此外,会展活动承载着文化的传承与发展,同时促进国际的合作,其中会展设计与会展形象的树立使会展业越来越具有国际性,成为全球性的朝阳产业。

(二) 会展业的特点

1. 环保性

会展及其相关产业最突出的优势就是对比其他产业,没有形成对环境的污染。会展业属于第三产业,作为文化产业的一部分,会展业发挥环保、健康、绿色的平台效应,将商务洽谈、思想文化、展陈与交易集于一身。会展业同时涉及了第一、二、三产业,这使会展平台能够不断产生新的思想、技术和方法,使三大产业循环式发展。

2. 快捷性

会展业具有快捷性的特点,它可以在活动结束后带来快速的经济回报,且从长远来看,会展业可以为城市的品牌和形象提供有力的宣传,使政府和企业投入的资金快速回笼。首先,会展活动带来了巨大的经济效益。据统计,会展活动整体利润率可达 25%,无论从短期还是长期来看,都远远高于其他行业。其次,会展活动也带来了巨大的社会效益。会展活动与吃、住、行、游、购、娱等行业联动发展,加速了会展业本身场馆的扩建,实现了城市的综合发展。

3. 联动性

会展业具有很强的联动性,举办会展的城市通过开展会展活动可以带动其他产业发展,其中包括建筑、餐饮、旅游业以及文化产业的发展。同时,会展业的发展需要市政硬件设施的支撑和服务质量软实力的支撑,进而带动与推进城市基础建设,提高城市服务质量。因此,会展业不仅联动性强,而且涉及范围广,是创新产业培育的土壤,直接或间接地使相关产业互助发展。

(三) 会展业的功能

很多学者将会展业称为"知识大会餐",因为会展兼具了各种功能,如经济、政治、社会、教育等。会展业是商品展示与销售、信息与文化交流、资金融通与投资等领域的新兴产业,它能够推动社会的进步、经济与贸易的发展,从而使举办城市的政治根基更加稳定,使城市的建设水平进一步提升,能够改善民生、优化环境、增强公共服务的能力。

1. 经济功能方面

会展业的经济功能主要体现在两个方面:一是直接的带动作用,主要体现在会展活动的开展期间,会展产品、会展服务通过交流、共享和交换所产生的直接经济效益;二是间接的带动作用,主要体现在举办会展涉及的行业众多,包括服务、交通、旅游等多个领域,会展能够促进相关产业的发展。国际展览业协会(UFI)的统计数字显示,会展活动的直接经济带动效益只占到总效益的20%,而大部分的效益都来源于间接领域。会展活动的开展增加了住宿、餐饮、建筑、旅游等相关产业的积极运作,推进了关联部门后向效应在各个领域的拓展。通过会展业所产生的侧旁效应可以看出,该产业可以有力助推相关行业的发展,如市政、保险、环保等,同时还可以带动相关产业对人才的培训。

2. 政治功能方面

在发展初期,会展业主要是全能政府型或者政府主导型,这在一定程度上保证了会展活动健康有序地开展,同时政府也能通过会展活动来宣扬其政治观点和政治立场。会展的开展离不开政府的支持,包括基础设施的支持及政策的扶持。举办以政府为主题或与政府相关题材的展会能够极大地提升其形象。会展场馆的建设、会展法律法规的制定、会展行业优惠政策的实施等都离不开政府的支持。

3. 社会功能方面

随着会展活动的增多,当地的场馆资源得到了有效改善,城市的社会建设得到了有序开展,会展业的社会功能得到了完全发挥。例如,2010年夏天在上海举办的世界博览会投入资金约3 000亿元,其中就有约三分之一的资金用于上海市的基础设施建设。会展产业能够提升举办城市的知名度,引起人们的广泛关注,同时带动当地旅游、文化等相关产业的发展。例如,博鳌曾经只是海南省琼州市的一个小岛,因亚洲论坛年会在此举办而闻名世界。目前,博鳌每年接待国内外会议100多场,同时吸引了大量的游客。会展业的发展能够给经济社会带来更多的市场就业机会,由 UFI 提供的数据可知,会展场馆每扩展 1 000 平方米,由此带来的就业机会就会增加 100 多个。

4. 教育功能方面

会展是一个生动的教学实验室,具有很强的体验性。会展的举办能够传播大量的信息,同时在组织、协调展会过程中各个主体之间的相互沟通可以使人们的技能得以提升,这种活动带来的实践体验是课堂教学所不能比拟的,是一种广泛的社会教育,像一次"知识大会餐"。

二、会展业与旅游业的关系

(一) 会展业可以促进城市旅游业的发展

会展业可以促进举办地旅游业的发展,促进旅游目的地基础设施的建设。国际性的知名会展活动可以增加举办地的旅游吸引力。从国内外会展业的发展情况来看,会展活动可以在很大程度上提升城市的品牌知名度,从而发展城市旅游。例如博鳌论坛使海南省迅速闻名世界。

会展业可以促进会展活动举办地硬件设施的完善。成功举办一次优秀而有影响力的会展活动需要很多条件,包括举办城市形象、城市环境、会展场馆的设计与配套设施,以及会展服务和会展管理的水平。例如,第 20 届中国-东盟博览会的举办地南宁市为了完善城市形象、提高城市基础功能,由政府投资百亿元优化城市建设。

会展业对城市旅游经济有积极的推动作用。一方面,会展的举办会增加城市餐饮和住宿的营业额。参会商家和观众在会展的停留时间较长,餐饮住宿需求激增,因此给第三产业带来极高的收益。数据显示,每年的中国进出口商品交易会可以使广州市宾馆入住率达到 95% 以上。另一方面,会展的举办带来许多潜在的旅游者,如会议组织者、投资者、展会观众等,成为当地旅游业巨大的客源基础。更重要的是,参与会展的潜在旅游者一般都属于高档次消费者,并且在人数上具有一定的规模,还有一定的停留时间,因此可以很好地带动当地旅游经济的发展。

(二) 旅游业为会展业提供了基础和保障

一般来说,旅游业发达的旅游目的地更具有成为会展举办地的可能。

会展业的发展状态已经开始逐步摒弃传统的静态陈列,而新式会展则更加倾向于举办动态的参观、游览、文化体验、商务合作等多位一体的综合性会展活动。因此会展举办地的吸引力和知名度显得十分重要,组织者在设计和策划中通常会优先考虑拥有美丽风光和名胜古迹的城市。

三、会展旅游概述

(一) 会展旅游的含义

会展是各种会议、展览等活动的简称,具体是指在一定的地域空间,人们聚集在一起形成的传递和交流信息的社会活动,包括各种类型的博览会、展销会、文化交流、节事活动等。我国会展活动量自 20 世纪 90 年代以来,每年以 20% 左右的速度递增。

会展旅游主要包括展览旅游和会议旅游两大部分,从广义上来说,只要包括展览、会议和节事活动在内的旅游项目都是会展旅游的一部分。而从狭义上来说,会展旅游必须是与旅游业活动直接相关的,并且是有经济收入的在户外进行的活动,即在场馆内的活动不算是会展旅游。

会展旅游业与会展活动既有关联又必须加以区分。会展活动多在场馆内进行,而会展旅游则在场外进行,与旅游六要素——吃、住、行、游、购、娱相关的才能被称作会展旅游。

学者们针对会展旅游的概念进行了广泛而持久的研究,并从不同视角做出了相应界定,但至今仍未形成高度一致的认知。盖茨(Getz)作为一名国外知名学者,在事件旅游方面的研究成果尤为丰硕,他指出会展业(meeting industry)是由众多方面构成的一个综合体,如各类展览会、博览会、会议、商贸活动及会展事件等。还有其他学者认为会展旅游的概念具有极广的延伸性,它是对世界旅游市场的进一步细分而得出的概念,主要包含四个方面的内容(MICE):一是会议(meetings);二是奖励(incentives);三是大会

(conventions);四是展览(exhibitions)。同时指出,会展业还包含各种节事(events),是一种丰富多样的旅游形式。因此,可对其做出如下定义:会展旅游是指充分利用展会活动,吸引游客前来观光旅游、洽谈业务,开展技术合作、文化互动、信息沟通等,由此促进商贸、旅游、交通等一系列产业的发展所形成的一种旅游活动。

我国学者也对会展旅游的概念进行了相应研究,提出了各自的观点与看法,形成了与国外 MICE 相对应的定义,但在具体内容方面仍然没有形成统一的认知。较为权威的观点有:周春发通过研究指出,会展旅游指的是通过开展丰富多彩的会展活动,形成对游客的有力吸引,由此所发展而来的一种综合性旅游形式;应丽君则指出,会展旅游是基于各类会展活动所形成的一种全新旅游类型。

通过与旅游概念的结合可以看出,会展旅游指的是充分利用丰富多彩的会展活动,吸引参与方离开单位所在地,前往会展活动地,并做暂时停留(一年之内),参会过程中根据实际情况返回单位所在地,由此所经历的各种娱、购、游、假、憩等活动。

(二)会展旅游的类型

根据会展旅游的基本构成情况,可将其分为四大类,具体如下:

1. 会议旅游

会议旅游是指针对人们共同关心的某一问题,相关人员在特定时间相聚于某一特定地点,深入探究这一问题,从而实现会议与旅游的深度互融、有效交互,由此形成的有一定目的及组织行为的一系列活动。其表现形式则是考察,通常分为会前、会中、会后三种类型。考察旅游活动不仅有专门人员负责组织相关活动,还有自主参与者进行自行旅游。所以,个体参会时的必然支出项有交通费、住宿费、餐饮费、娱乐费、会务费、资料费等。励展博览集团针对本国存在的大型 MICE、商务差旅采购商进行了深入调查,明确了他们的采购模式,撰写出相应的调查报告,指出上述费用支出占据了会议总支出的92%。

2. 展览旅游

展览旅游是指利用一系列展览活动实现对游览者的吸引和聚集,助力参展商、参观者开展旅游相关活动的一种旅游形式。在这一旅游形式下,展览是一项重要的组成部分,可以进一步激发参展商、参观者的旅游动机,让其产生更强的旅行欲望,进而形成更加旺盛的服务、住宿、餐饮需求。根据推进顺序可将其分为前、中、后三种类型,根据组织的有序度可将其分为有组织的旅游、自行旅游两类。通常而言,通过展览能够有效推动旅游业的发展,产生良好的带动效应,发展水平、效应成果则是由外地参展商的占比决定的。由相关资料可知,外地参展商在吃、住、行、游、购、娱的支出,占据了参展总支出的 24.6%。

3. 奖励旅游

奖励旅游是指出于协助企业取得预期成效的目的,为这一目的的制定、实施、参与等群体,提供一个具有特殊意义的假期,这也是诸多规模化企业安排的以旅游为工具手段,达到开拓市场这一目标而组成的客户邀请团。

奖励旅游作为一种积极的激励措施,是公司为员工提供的一种具有特殊意义的旅游活动,用以激励他们开展更具积极性和创新性的工作,或者凸显他们的特殊贡献,从而达到企业预期目的。由相关资料可知,美国有半数采用了这种激励方式,法、德两国则有超过 50% 的公司采用了这种方式,而中国的香港和台湾地区,也将旅游作为一种主要的激励手段,纳入企业管理中。受到经济、文化等方面差异的影响,奖励旅游在我国大部分地区仍然处于初始阶段,更多地出现在北上广等地区。

4. 节事旅游

这是一种借用体育赛事、各类庆典、旅游节日、盛世活动等开展的专项旅游活动,国外学者也将其称为事件旅游。可分别从节事旅游的目的、内容、形式和功能四个维度进行分析。就其目的而言,主要是为了更好地吸引旅游者,有力地展示当地的旅游优势,维护、优化旅游形象,持续提升当地旅游知名度,从而有力地助推本地旅游业的发展,同时与当地经济发展相互促进、良性循环;就其内容而言,主要是立足旅行者实际的游览需求,定制他们所需的旅游产品,充分体现当地特色及文化属性;就其实现形式而言,主要是通过吸引旅游者积极参与各类节事旅游活动,产生别样的经历,形成特殊的体验,由此决定了节事旅游活动具有鲜明的丰富性、活泼性、互动性和亲和性,从整体而言,这类产品的组合具有连环紧密、以主题为中心的特点;就其功能而言,节事旅游不但具有良好的文化传播、融合作用,而且具有明显的经济带动作用,体现了地区文化特色及其经济产业的特点。

(三)会展旅游的特征

相比于常规旅游,会展旅游体现出以下五个独特属性。

1. 组团规模大

一般来说,会展可覆盖多个行业、产业甚至相关领域,因此其举办规模普遍较大,必然会引起诸多行业领域、政府部门、社会组织及个人的关注。由国际大会和会议协会所给出的界定可知,凡是参会人员超过300人的会议便可视为大型国际会议。如此数量的参会者便构成了旅游消费的重要客源,可获得良好的旅游收益。1970年,世界博览会在日本大阪举办,共有621万游客参会,产生的旅游收益高达1.56万亿日元,占据了该年度日本国内生产总值(GDP)的2.1%;2010年上海世界博览会期间共有190个国家参会,56个国际组织积极参与其中,官方参展者共计246个,吸引游客7 308.44万人次,日均参会39.7万人次,所获旅游收益达到800多亿元。

2. 消费档次高

参与会展的单位通常为行业的知名单位。参与会展的人通常为本领域的佼佼者,或者是在某一方面具有鲜明优势;他们在社会地位和年均收入方面,均处于同行的较高水平;他们的活动通常为公务行为,在这一过程中所产生的费用均由所在单位负担,而且参与者通常不会在意价格。香港旅游协会公布的调查数据显示,在香港会展期间,参与者的人均消费水平达到24 826港元,为度假旅游消费的3倍。中国进出口商品交易会每年举办两届,形成对当地经济的有力拉动和提升。在第104届和105届交易会期间,参与者为广州带来的直接经济收益达110.5亿元,间接经济收益则高达215.94亿元,二者的总收益占当年度广州市GDP的3.96%。

3. 客人停留时间长

旅行者或旅游团有幸遇到会展活动时,通常会被会展所形成的强烈节日气氛所感染,从而进一步提升旅游兴趣。这些会展旅游的持续时间通常较长,可以吸引游客更长时间逗留于此,进而产生更高的旅游消费收益。例如:一般情况下,新加坡旅游所用时长平均为3.7天,每位游客所产生的消费支出平均为 710 新元;而参会游客的逗留时长平均为 7.7 天,他们所产生的消费支出均数为 1 700 新元。

4. 受季节影响小

相比于观光游、休闲游,会展旅游不会受到季节变化的影响,因此,其时段性特点并不明显,这不仅有利于均衡旅游产品构成、完善各类产品结构,还能够更好地平衡淡旺季营业收入,更加有效地利用闲置资源,有针对性地发现淡季中的收益增长极。例如:北方地区可利用冬季时节举办冰雪活动、节日庆祝活动等,从而产生新的游览点。

5. 经济联动效应强

发展会展业还有利于带动相关产业的发展,产生良好的拉动效应,通常可产生 9 倍的带动成效。因此,会展的举办可为城市增加诸多收益增长点,如场地租用费、展会举办费、交通运输费、建设施工费等,同时还可为当地酒店、餐饮等行业带来相应收益,此外,对于当地的物流、广告、城建及电信等行业也会产生一定的促进作用。由商务部发布的对会展业典型企业的调查数据可知,我国在 2023 年举办的各级、各类会展数量众多。据商务部统计,仅 2023 年 1 月至 9 月,境内专业场馆就举办了各类展会 3 248 场,同比增长1.8 倍,较 2019 年同期增长 32.4%。此外,中国国际贸易促进委员会发布的《中国展览经济发展报告 2023》显示,2023 年我国共举办经贸类展会 3 923场,较 2022 年增长 117.1%,较 2019 年增长 10.6%。

(四) 会展旅游的影响因素

随着旅游业的不断发展,会展旅游业应运而生,成为旅游业的重要构成部分,它不仅具有旅游业的普遍特性,还具有自身的独特之处,显现出强劲有力的发展潜能。对会展旅游产生影响的因素很多,主要有下述七个因素。

1. 良好的城市形象和较强的城市吸引力

只有优良的城市环境、良好的城市形象,才能为会展旅游提供必要的条件,形成独特的吸引力。国际化大型会议的召开、地方性协会年会的组织、企业产品的发布等,均会将大都市作为首选,即便是在中小城市举办,一般也是那些知名度较高的。由此可以看出,最易于形成招徕性的是城市的开放水平、知名程度,或者是人们对它们的美誉度、提及率等,这些均为城市的形象和招牌。城市通过丰富的充满特色的旅游资源、优良的城市环境及形象,营造富有自身特点的会展旅游氛围,形成对游客的有力吸引。例如:美国纽约展示了其富庶繁盛;法国巴黎展现了其浪漫奔放;英国伦敦表达了其传统严谨;意大利罗马则处处散发着文艺气息;中国上海的念及过往……这些均是各个城市的独特魅力所在。

2. 发达的城市经济

事实证明,只有经济发展到一定水平,才会衍生出会展旅游业,并随着经济的发展而发展。通过对旅游业发达国家的审视和分析可知,它们均为经济高度繁荣的国家,如美、英、德、法等国。在我国,最先发展会展旅游的城市也是北上广深等经济发达的大都市。从中可知,城市经济发展水平与其会展旅游业呈现鲜明的正相关:经济越发达,发展速度越快,需求扩展越大,对会展所产生的内需力也就越强,会更加有力地推动会展旅游的发展。

3. 完善的城市功能

如果所举办的会展等级较高,在选择举办城市时不仅要考虑城市经济、形象等方面,还要将城市功能的完备性作为重要事项纳入考量中。城市只有具备了优良的吃、住、行、游、购、娱等条件,才能形成对旅游者及投资者的有力吸引。由已有研究成果可知,新加坡大力发展会展旅游,积累了诸多成功经验,其中之一便是政府积极改善、提升城市基建,着力优化环境、发展交通等。改革开放以来,郑州持续加大城市建设和提升力度,持续优化交运体系,构建起四通八达的交通网络,以郑州为中心的高速公路与高铁呈"米"字形铺展开来;不断强化邮电、通信、铁路中转站等方面的建设,现在已成为全国三个最大的铁路枢纽之一,十个最大的邮电通信枢纽之一;完善了城市基础设施建设,改进了市容环境。由此,郑州的会展旅游发展趋势良好。

4. 优越的地理位置

发展会议展览旅游必须有优越的地理位置。欧洲承办了占比最多的会议展览。英国人均 GDP 仅 1.65 万美元,但承办了众多类型的国际会议,从频次来看一直处于世界第三的位次;加拿大人均 GDP 为 2 万美元,却并没有承担起相应的会议展览旅游责任,所承办的次数也没有进入世界前十。得益于自身所处的优越的地理位置,新加坡和中国香港承担了亚洲大多数的会议展览旅游。例如:郑州自古便是重要的交通枢纽,不仅是中华之腹地、中原之中心,也是十省通衢之处,既可以贯通东西,也可以接连南北。巨大的消费潜力、著名的商埠中心,使得郑州承办的会展次数年均高达百余次。

5. 一流的会展设施与服务

实践一再证明,会展设施是影响会展旅游的关键因素,因此,必须建设现代化、智能化的大型会展设施,形成对高级别、大规模会展的有力吸引。无论参会者还是游览者,他们一般都具有较高的社会地位、综合素质,因此,他们在举办、参与会展时必然会对相关设施设备提出较高要求。同时,会展举办地的设施设备情况会显著影响到最后的成效性。例如:会展场馆能否有效满足他们的需求,食宿条件能否达到他们的预期要求,签证手续便捷与否等。除此之外,当地民众的语言情况、场馆工作人员的沟通协调能力、媒体敏感度、先进技术手段的应用情况等,均会对会展产生直接且重大的影响。

6. 高素质的会展专业人才

为确保会展旅游的成效性,必须组建一支精良的专业队伍。会展人才的能力素质能够显著影响到城市举办会展旅游的可持续性。河南财经政法大学旅游与会展学院赵现红教授曾说道,"2015 年河南户籍人口 1.072 2 亿,全国三成会展人才出自咱河南,这就是郑州发展会展业的人口红利。"

7. 发达的旅游业

只有基于当地繁荣昌盛的旅游业,会展旅游才能实现有序发展。通过梳理分析会展与旅游的关系可以看出,繁荣昌盛的旅游业是办好会展的基本前提。如果某一城市旅游兴盛,其吸引力也必然更强,世界知名的会展城市均为旅游业发达的城市,如新加坡、米兰等。据相关统计可知,会展旅游者人均旅游用时 4~6 天,所产生的消费支出为观光者消费支出的 5~7 倍。为此,世界上所有的会展旅游目的地都在当地政府机构内设置会展旅游局来吸引这类会议。

(五) 会展旅游的功能分析

1. 开拓旅游业发展空间,产生良好的经济效应

对于一个旅游业发达的城市而言,会展是其必不可少的发展构成,能够为其旅游业催生新的旅游产品,产生新的旅游增长极,开拓旅游发展空间,开辟专门的旅游项目。在经济社会发展过程中,各类会展活动日益频繁,通

过积极发展会展旅游既可以有效增强旅游服务功能,使之更加丰富多元、强劲有力,又能够创造出更多的机会和价值,为经济社会发展、科技人文进步提供重要支持。郑州目前每年仅在中原国际博览中心举办的30多场大小会议、展览就为博览中心带来将近4 000万元的收入,而由此给郑州带来的相关社会收入近4亿元。

2. 带动旅游业及其他相关行业的发展

如今,一种具有团体性、专门性和间接性的旅游项目应运而生,它便是会展旅游。它不仅可以带来非常可观的消费收入,还涵盖了极广的社会服务业,可产生1:9的高度关联性;同时它还具备单团规模庞大的特点,从而使其可以产生极强的轰动效应,能够有力提振服务业的发展。由统计分析可知,会展业产生的利润率可达到25%~40%。举办会展时,既可实现对人、财、物、信息等元素的聚集,又可明显影响到当地的交通、食宿、旅游、房地产等领域,形成强力需求,产生显著的带动和辐射作用,因此会展又被称为"城市的面包"。积极举办各类会展旅游活动,可为当地旅游业及相关产业提供更多的发展机会,开拓更大的市场空间,产生更为丰厚的营收。以郑州为例,在刚刚过去的2023年,郑州会展行业取得的成绩让人振奋:共举办展览活动153场,展览总面积265.45万平方米,吸引参展商45 492家,采购商及观众528.53万人次。在汽车整车、建材家居、医疗健康、装备制造、节能环保、数字科技等行业展会现场,累计达成意向成交额约1 629亿元,同时有力带动了郑州住宿、餐饮、交通、物流、广告等行业的消费。

3. 改善城市形象,助力城市建设,提升城市知名度

会展旅游活动的成功举办,必须以优良的客观环境为基础,如完备的城市功能、良好的城市交通、完善的基础设施与公共服务设施、鲜明的城市风景名胜及优质周到的旅游接待服务等,这些均有利于城市建设的快速发展、优化提升。此外,有些会展活动尤其是那些规模较大的国际性会展活动,参会人员通常是具有一定名气、地位、财富和权威的"重量级"人物,如世界知名企业家、关键供应商等。会展主题突出,所含内容丰富,极易引起各界的高度关注,也会由此提升举办城市的美誉度,增进其知名度。例如:20世纪末在云南昆明举办的世博会,极大提升了该市的城市建设水平,城市居民的文明水平及综合素质也实现了质的飞跃。

4. 传递新信息、新知识,增进交流

在网络时代,信息日益受到人们的重视,被当作一种极为重要的资源,纳入各项管理中。会展旅游可将最新的创造成果、劳动创新以信息的形式传播出去,实现共享与发展,在这方面明显优于传统媒体手段,是一种非常高效的营销措施。可充分利用会展这一展示窗口,加强对相关信息的宣传,助力当地经济社会发展。

5. 增加就业机会,缓解城市就业压力

大力发展会展旅游,既可以为所在地城市提供更多的就业机会,还可以为其带来更多收入,有效减轻所在城市的就业压力。

(六) 会展旅游运作机制分析

在市场经济发达的国家,会展旅游在运作上有一套成熟的市场化机制。会展业在中国还是一项新兴的产业,会展旅游尚未形成成熟的市场化运作机制,这在一定程度上限制了会展企业参与大型会展旅游活动的积极性。在我国现阶段,所谓会展旅游的市场化运作机制就是,发展会展旅游要实行政企分开,市场化运作。即以市场为导向,遵循市场经济规律;国有展览公司要参与公平竞争,在策划招商、宣传促销、活动安排、展会接待和利润分配等方面自主经营、自负盈亏;形成市场运作机制;通过建立完善的利益共享机制来实现会展旅游接待的专业化分工;邀请国内外有实力的会展旅游中介服务组织来会展承办城市参观并洽谈业务;组织相关企业统一前往国内外会展旅游客源集中地区进行大规模的展示、揽客、招商活动。

根据我国现阶段的国情,我国的会展旅游要实现市场化运作,会展活动不应该再是由政府"搭台"、企业"唱戏",而主要是在政府的扶持下,由会展主办主体的行业协会、专业展览公司"搭台",参展企业和专业观众"唱戏"。即在政府的引导下,发挥市场经济的作用,充分调动企业的积极性,形成政府牵头、多方联动、利益共享的会展旅游的良好格局。在会展主管机构的领导下尽早成立会展服务公司,按照市场机制运作,独立承办会展业务。要通过加强同各种国际性会展组织的联系和合作,形成符合国际惯例的会展旅游运作模式,同时还需进行自身市场能力的合理开发。很多会展旅游市场就是由企业自己培育出来的,并在当地取得了较好的效果等。

(七) 会展、旅游、会展旅游的关系

虽然会展和旅游分别归属两个不同的行业,但是它们之间存在着普遍的联系性和紧密相关性。二者均为第三产业,相互间联系性较强,通过组织会展活动可为当地餐饮业、旅游业提供更大发展的机会和空间,并且还会对商超、电信、市政、交通等方面产生积极的促进作用。会展业作为现代旅游业发展的一个分支和趋向,是多元发展的必然,前者可充分利用后者已有的资源、服务等,实现两相互联、有益互补、互益发展。

1. 会展对旅游的促进作用

会展可涵盖更广的行业、产业,并且规模普遍较为庞大,由此必然形成对政府部门、社会组织、旅行社及旅游者的有力吸引;同时,会展是一种规格更高的会议,参会者通常具有更强的消费力,他们的文化素养通常较高。同时,如果会展规模较大或知名度较高,那么它的举办还会对当地交通、餐饮、购物、景区等产生明显提振作用。当个体或团体旅游者有幸遇到会展时,也会被会展所形成的浓厚节日氛围所感染,进一步提升其旅游情趣。

会展旅游一般不会受到气候、季节方面的影响,不具备明显的时段性特点。因此,可根据旅游淡旺季情况对会展活动做出灵活安排。例如:可将会展活动安排于城市旅游淡季,从而更加充分利用各种旅游设施,提高旅游服务利用质量和效率;而会展则可以有效展示城市特有的旅游资源及特色化的旅游产品,进一步提升城市知名度,丰富城市的功能作用,创设更利于旅游业发展的机会和条件。

2. 旅游对会展的辅助作用

从会展业发展的阶段过程到其具体活动内容,无不体现出旅游业所含的六大要素,而会展各构成部分及举办过程中所需的服务,也是这些要素不断累积、体现其优势特色的过程。会展旅游发展进程中,会从旅游业中获得相应的服务,借助旅游业确立自己的品牌,进而形成集约型发展趋向。实践证明,会展活动的成功与否受到诸多因素制约,如参会者的数量、会展业接待的专业化水平、旅游业的开放度等。会展业接待所展现的专业化水平取决于该领域是否构建起科学完善的协作分工、利益共享机制。旅游公司与会展机构实现了专业化分工后,二者则按照各自的职责分工进行工作,前者

主要负责场外服务,为参展商或参观者提供专业化、优质化、定制化的相应服务;而后者则负责展会的具体布置、宣传、招募以及场内组织管理。二者充分发挥自己的优势特长,提供专业化的服务,确保参展商、参观者及所在地居民能够得到各自所需,形成良好的口碑效应,吸引更多的参展商及参观者,得到更多、更大、更为长久的助力和支持,打造展会专业、优质、亲民、特色的品牌形象,充分发挥、体现展会的带动与辐射作用,从而构建起会展带动旅游、旅游优化会展的良性循环局面。

3. 对会展、旅游、会展旅游关系的分析

就旅游业的特点而言,其服务对象为旅游者,具有异地流动与消费、深受季节影响的特点,因此人们又将旅游业称为"候鸟经济",会展活动由此体现出商品流动、异地交易的特点。会展旅游是一种有机整合旅游特性及会展活动而形成的特色化产品。

就各国已有的案例而言,其中很多已证明会展与旅游的结合是切实可行的,如瑞士达沃斯文化论坛、海南博鳌论坛等。通过这些案例可以看出,会议、展览、文化活动都是富有吸引力的旅游产品,从而形成对旅游者、参会者的有力吸引。实际上会展这一形式,能进一步提升举办城市的知名度,吸引更多的投资,实现更大的消费收益,特别是会展所产生的独特的商务机会,以及由此形成的关注度和高度集中的高级消费盛况等,都是远非其他公共服务产品可比的。在会展与旅游深度互动过程中,便可高效利用当地特有的旅游资源,全面展现自身的经济现状、文化特色、社会风貌等,从而进一步增强社会影响力,为更多外地人所了解,提高会展举办城市的知名度,助力当地经济社会发展。同时,旅游还可以为会展旅游提供有力支撑,促进会展业的快速健康发展;而会展业会不断优化整合社会资源,形成对其他行业的带动与辐射,从而为旅游业提供更多客源,产生更大的收益,进一步延长游客逗留期,更好地应对旅游淡季的冲击,更加有效地利用各项设施设备。

因此,有关部门需要不断加强二者的联系,构建起全新发展模式。只有积极发展会展旅游,才能使二者更加协调地发展,会展旅游发展进程中必然以会展业与旅游业的有机结合、高效互动为前提。为此,必须高度关注二者的互益发展、互动互助,从而产生良好的放大效应,促进会展旅游更好、更快、更优地发展。

第二节 会展旅游的外延

一、会展旅游的综合效应

随着上海世博会的圆满结束,其所产生的展会效应也随之显现。在上海世博会期间,参会人数之多,逗留时间之长,所涉领域之广,消费档次之高,受季节影响之小,所获利润之丰,无不引发人们的广泛关注。在商务游市场中,会展旅游占比无疑是最高的,同时其还会对举办城市的交通、食宿、金融、广告等行业产生显著的带动作用,带来良好收益。我们梳理分析已举办的规模化会展活动,发现会展旅游所产生的影响和效应如下。

(一) 正面效应

1. 经济效应

作为都市游的基本构成之一,会展旅游能够进一步开拓当地的旅游市场,形成一个全新的旅游领域,进而创造一个新的旅游增长极,实现对旅游业的创新和开拓,衍生出专门的旅游项目。在经济社会的全面发展中,各类会议、商演、考察、贸易、体育等活动也更加频繁,积极发展会展旅游,不仅可以丰富、开拓旅游服务功能,还可以在食宿、交通、金融、商业及文艺等方面,产生更大的经济收益。

随着各项事业的不断发展,我国会展业也实现了大踏步地前行,不仅有力拉动了国内消费需求,而且形成了对经济发展的有力助推和支撑。从我国会展业发展现状来看,已经形成了以 7 个城市为中心的 5 大经济带区。7 个城市分别为北京、上海、广州、大连、成都、西安、昆明,5 大会展经济带区分别为环渤海、长三角、珠三角、东北地区、中西部地区。2012—2021 年,我国共举办展览 9.6 万场,展览总面积 12.7 万平方米,商务会议共举办 1 127 万场,节庆活动共举办 100.09 万场,为社会提供就业人数达 20 814 万人次,会议、展览、节庆活动等直接收入达 5.3 万亿元,对中国经济发展的综合贡献达到了 46.4 万亿人民币。

从会展旅游消费支出方面来看,主要支出项为食宿费、娱购支出、出行和游览的费用等。由已有的数据可知,强力支撑会展消费支出的群体为商务会展游客,他们作为旅游细分市场的重要构成部分,其消费必然会为举办城市带来相应的消费收入,促进相应行业领域的发展,带动城市经济同步前行。

会展旅游业还可以提供更多就业机会,会展活动的举办为本行业、旅游业及相关行业创设更多就业机会,这对于举办城市而言无疑是一个利好消息。有文献指出,旅游业从业人员与其提供的就业机会的配比为 1∶5;在发达国家,会展面积每扩展 1 000 平方米便会增加 100 个就业机会。

2. 社会综合效应

(1)提升举办城市的知名度

随着会展活动规模的不断扩大,其所引发的关注度越来越高,举办城市由此获得的美誉度和知名度会相应提升。会展活动犹如一场外交活动,在很短的时间内汇聚大量的人流、物流、资金流和信息流,举办城市会受到所在地区甚至是全世界的关注。

地处海南东部的博鳌,原本是一个鲜为人知的小镇,由于亚洲论坛在此地举办,因此它立即成为各方关注的焦点。该地自被确定为永久会址后,以其独特秀美的景色成为游客打卡的必选之地,会展业为当地经济社会发展注入了全新动力。位于瑞士东南的达沃斯小镇,也是由于世界经济论坛的举办而闻名于世,每年可吸引 70 余万名游客前往,由此可产生 7 000 余万美元的旅游收益。

(2)加快城市基础设施建设

为顺畅高效地举办会展旅游活动,举办城市需要具备良好的基础设施条件,不仅要配备现代化的会展设施、高速便捷的交通网络,还要能够提供优质高雅的住宿环境,这就需要举办城市不断加强基础设施建设,并持续改善和优化,从而形成对城建发展的重大影响。

加拿大政府通过努力取得了 1967 年世博会的举办权,为迎接这一盛会,加拿大政府加快了地铁系统的改扩建,对城郊高速进行了扩展和拓宽,针对圣劳伦斯河边长期存在的闲置废弃之地进行了相应改建,将该市改造为一个便捷、宜居的城市。我国昆明作为20世纪末世界园艺博览会的举办城市,根据实际所需对世博园区、相关设施等,投入相应资金进行了建设,先后新建了20多家星级饭店,实现了对昆明及周边区域的加速建设。为迎接2004年雅典奥运会,作为主办方的希腊政府加大了对场馆及相关设施的投入力度,先后投入60多亿欧元。此外,欧盟也在基建和通信方面为其提供有力支持,共资助其20亿欧元,通过大规模的基建,实现了对雅典城的全面"更新",建设运营了40千米的市郊铁路,并成功使25千米电车线路实现了通车,建成了一个现代化的城市交通体系。按照原有计划,雅典需要二三十年才能完成的城建工程,但以奥运会为契机,在短短几年时间内便完成筹建并投入使用。

(3)改善城市环境面貌,提高市民素质

城市通过积极举办会展活动,既可有效优化生态环境,又能够提升市民素质,创设更具国际化的人文环境。

为将汉城(今首尔)奥运会办成绿色奥运会,韩国加大了对大气及汉江的治理力度。为免于大气污染,韩国有力控制了煤的使用,并投入8年时间持续加强对汉江的治理,实现了水质的明显改善。北京以更加有力的举措开展了奥运会的筹办工作,以绿色奥运理念为基本指导,以生态环境建设为主,有针对性地规划了节能、排污、绿化等事项,有效改善了大气环境,增进了城市发展的可持续性,向外界展示了一个洁净、优美、绿色、环保的新城市。

此外,会展活动还可以为当地居民创造更多接触外界的机会,更易于他们认识、接纳多元文化,增强他们的环保意识,改变原有的道德观、价值观及待客态度等,提升举办城市居民的文明素养。

(4)增进国际和地区交流,加快科技进步、文化繁荣

城市通过举办会展旅游活动,可形成对各种资源的快速聚合,并便捷高效地共享各种信息、知识等,直观有效、集中有序地展现最新创造成果,可通过各种媒介实现宣传和传播,营造良好的环境和氛围,制造浩大声势,形成深刻影响,促进新理念、新知识的广泛传播,以加速科技进步、繁荣文艺生活。

历届世博会向公众所展示的是人类新近创造的劳动成果或亟须解决的重大问题,利用相应的通信手段及多样的媒介进行宣传和传播,从而产生广泛且深远的影响,有效开阔人们的视野,促进思想观念的转变。同时,那些规模较大的会展活动,通常会留下诸多难以忘怀的佳作,如可成为标识某一城市著名文化旅游资源及具有特色的标志性建筑。

3.空间辐射效应

(1)区域集聚

会展活动的举办可以提升主办城市所在区域的集聚力和辐射力。1998年法国在世界杯赛期间吸引了250万人次到场观看,由此激发的旅游热,惠及毗邻的比利时、卢森堡、意大利、西班牙等国。1999年昆明世界园艺博览会也起到了很好的辐射作用。游客在参观园艺博览会之后,往往会前往石林、大理、丽江、香格里拉和西双版纳等地继续游览,使拥有怪石、湖泊、古城、雪山、森林和热带风光的滇西传统旅游景点再度升温,游客的增长幅度在30%以上,其中迪庆藏族自治州游客数量更是增加了3倍多。同时,楚雄、保山、怒江等新兴旅游景点也显示出较好的发展势头。

(2)区域合作

会展活动的开展可以强化周边地区的经济合作。1970年的大阪世博会带动了整个日本关西地区的发展,它以整个亚洲的生产和消费市场为背景开展贸易活动,形成了以大阪为中心、半径约50千米的世界六大城市圈之一的关西经济带,使大阪由原来的重工业逐渐转向高科技、物流、商贸、会展、金融、环保等产业。关西经济带经过10年的迅猛发展,促进了整个日本经济的增长。同样,为举办1992年的塞维利亚世博会,西班牙建成了马德里—塞维利亚高速铁路,促进了发达的中部地区与南部地区的经济合作,带动了落后的南部地区的经济增长,促进了该国经济的平衡发展。

(二)负面效应

会展活动的开展,在带来丰厚的经济效益和社会效益的同时,也带来了一定的风险和负面效应。

1.低谷效应

在会展活动,特别是大型会展活动结束之后,由于消费需求骤减,会展场馆出现闲置,在投资与需求不能保持平稳增长时,就有可能形成所谓的低谷效应。永久性场馆如果得不到有效的后续利用,由于投资巨大且建成后每年都需要高昂的维护和保养费用,将给投资方造成很大的经济负担。同时,为了迎合会展活动而修建的酒店、餐饮等设施也可能面临客源不足的状况。另外,大型会展活动的举办,还可能助推房地产泡沫的形成,如巴塞罗那奥运会期间,房地产业过度发展(1986—1993 年,巴塞罗那住宅价格增长250%~300%),奥运会后政府用了 6 年的时间才得以扭转这一局面。

2. 经济亏损

会展活动如果组织不力,可能给举办城市造成经济损失。1984 年在美国新奥尔良举办的世博会仅仅吸引了 730 万游客,由于亏损严重,几乎到了中途关门的境地,在美国政府采取补救措施的前提下,才勉强维持了 6 个月的展期。世博会组织者宣布破产后,政府不得不出面收场,并承担其9 000 多万美元亏损额中的近 40%。之后,路易斯安那州 1986 年的 GDP 出现负增长,经济总量直到 1989 年才恢复到 1984 年的水平。这次世博会的失败,浇灭了美国政府和民众延续百年的世博热情,美国自此以后再也没有举办过世博会。

3. 挤出效应

会展旅游可能导致举办地出现交通拥挤、物价上涨、犯罪率上升等一系列问题。为了获取更大的利润,商家也会大幅提高商品价格,这一点在住宿业和餐饮业表现得尤为明显。由于受到这些负面作用的影响,当地居民和一些原本打算到访的旅游者可能为了躲避不利因素而取消或改变行程,即形成所谓的挤出效应。雅典奥运会举办前,研究者对当地市民进行的一项调查显示,有 40%的人希望在奥运会举办期间离开雅典,外出度假。

4. 排挤效应

大型会展可能对非举办地产生抑制影响。保继刚从非举办地的视角,分析后认为,北京奥运会在前期和中期对阳朔非但没有产生促进作用,反而抑制了阳朔的入境旅游市场。奥运会替换了非举办地原有的客源结构,排挤了非举办地拥有的非观赛游客群体。尽管非举办地十分重视从重大事件的效应中获益的可能性,但由于缺乏科学的理论和经验指导,这种本应理性对待的可能性往往沦落为盲目乐观。

二、会展旅游的产业集群

(一) 会展旅游产业集群的概念与特征

在经济社会发展的推动和市场需求的拉动下,会展业得到快速发展,我国北京、上海、广州等经济发达的大都市就会出现会展产业集群发展的现象。会展旅游是会展业与旅游业结合的产物,是由于会展活动的举办而产生的一种旅游活动形式,故而会展旅游产业也呈现出集群发展的态势。然而,到底什么是会展旅游产业集群?会展产业集群的本质特征是什么?这些都是值得我们认识和分析的问题。

1. 会展旅游产业集群的基本内涵

关于产业集群的定义,学者们从不同维度进行了分析和阐述,其中最具权威性的当数迈克尔·波特教授提出的观点。他认为产业集群指的是某一特定行业下,在区域位置相近的、具有一定联系的企业及法人等,通过一定的方式和手段实现互联互通、互补互益的联结,由此构成的群体性组合。从中可以看出,产业集群包含三个方面的内容:一是地理边界,即各产业在地理位置上相互接近;二是产业边界,即各产业间存在差异性和互补性;三是产业联系,即各产业间是相互联通的。

会展旅游产业是一个高度复合型的产业,围绕着会展等核心产业,它不仅涉及吃、住、行、游、购、娱等旅游内部行业,还与交通运输业、信息服务业、邮电通信业等产业相互依托、共存共荣。因此,会展旅游产业集群指的是通过各种会议、展览活动等,形成对相关参与者、游览者的有力吸引,以此为载体,相关企业在相应区域内不断聚集,出于得到规模化发展,获取规模效应、实现聚集效应的目的,在专业分工、协作需求的基础上,构建起一种正式的或非正式的关系,形成更具生机活力的全新企业组合模式。它所重视的是会展业与旅游企业、相关组织间的有序活动,是具有柔性特征的聚合,具有更为敏感的市场感知,能够更好地适应集群化、全球化的发展。

2. 会展旅游集群的基本特征

会展旅游产业集群是由一个多维度(产业、区域和企业)、多要素构成的复合体,正确认识产业集群的本质特征应从以下五个方面来把握。

(1)地理集中

通过集群的概念可知,它原本便具有空间属性,集群各构成主体间出于更大获益的目的,向特点区域不断聚拢,从而形成相应产业集群,但并没有对其地理边界做出明确、具体的分析。迈克尔·波特指出,集群的边界虽然具有鲜明的政治属性,但它可以不受州界甚至国界的限制。经济地理空间存在很大的差异性,无论是一个自然村落还是全球空间,均属于经济地理空间的范畴,所以产业集群所指的地域范围通常是相对的,在进行个案研究过程中,需要将其代入一定的地域空间,才能具有一定的意义和价值,才有利于对产业集群内部架构的掌控,明确集群的运行方式及特点。随着地方政府的深度参与,对于产业集群地理边界的界定,通常也会统一于相应行政区划。

会展产业集群空间集聚性是指基于一定的企业、机构,并在它们的相互作用下,在周边地区所产生的集聚效应及其特征。在会展旅游产业中这种集聚主要表现如下:一是地点非常集中;二是场馆设施较为集中;三是相关行业、部门聚集于同一区域;四是服务对象集中,也就是会展消费者集中。通过场馆这一载体,纵横交错、沟通互联,构建起相应会展产业集群。当前,我国会展旅游产业集群主要集中出现在经济发达的大都市,尤其以上海和广州最为典型。会展旅游产业集群最具外显性的特点便是在相应地理空间内实现聚集,从而形成判定某一产业集群的鲜明标识。

(2)产业关联

产业关联是指体现不同主体间聚集模式的一种联系方式,它们仅针对某一产业或相关产业提供相应的生产及服务,包含了一部分具有强劲竞争力的、联系比较紧密的产业及相关实体,主要是各类展馆、食宿业等,它们还提供专业化的基础设施及优质服务。会展旅游产业集群并非固定不变的,还可以不断拓展和延伸,向下可触及营销及顾客等层面,同级可拓展至具有互补性的供应商,以及以技术、服务及投资为媒介的行业内部相关公司,如广告公司等。同时,会展旅游产业集群所包含的组织机构也在不断扩展,既有政府相关部门,也有各类社会组织,还有培训、贸易、咨询、教学等相关机构。因此,会展旅游产业集群既是相关企业的大规模聚集,更是以专业化、精细化分工为基础的产业链的汇集。

（3）互动关系

产业集群实际上展现了各组成主体间的相关性。在集群内部要构成主体间相互联系、共同支撑的一个整体，既有前向的供应商、生产商，还有后向的代理商与顾客，同时还存在水平关系的其他机构、部门，如各参与企业、当地政府，以及中介、金融及科研等机构，它们在长期合作过程中构建起具有当地特色及利益关系的交互体系。在这一体系中，各主体通过正式或非正式的关系，实现对商品、信息、服务、劳力等的交易，从而加深交流与合作，增进互动与互信，对当地经济社会发展及企业创新前行提供聚合力和原动力。

本着"一加一大于二"的原则，会展旅游产业集群各主体间必然会不断强化沟通合作，从而形成更为高效优质的联系，使整体力量明显优于各部分。由于集群内各主体间存在相互依存的关系，某一主体通过提供优质服务，必然会形成对其他成员的有力带动和促进，从而实现双赢或多赢。从功能互补性方面来看，其表现形式具有丰富性和多样性，主要表现在两个方面：一是在满足游客需求方面，各旅游服务产品存在良好的互补性；二是各企业间通过沟通协调、深化合作，不断增强集体生产能力。可以说，最终服务提供商之间或中间服务产品供应商之间存在着明显的竞争关系，同时也存在着深度合作。通过竞争可以不断开拓自身市场，通过合作可以实现利益共享、发展共赢。同时，会展品牌的建立不仅取决于会展规模大小和国际化程度，还有赖于互补性商业活动，如酒店、商店和物流的质量和效率。

（4）环境共享性

在会展旅游产业集群中，无论是企业还是产业均存在于同一环境中，其经济、社会、文化等条件相同。由于企业、产业在某一地域内集约化存在，因此吸引了众多专业人才及服务供应商，既有利于减少诚信机制及专业服务方面的成本支出，还有利于知识技能的共享、专业人才的流动，从而产生良好的外溢效应，引导会展产业集群不断发展创新，从而创造更加有利于自身及经济社会发展的良好条件。会展产品的不断扩展和聚合，必然会对场馆规模产生更大的需求，同时还会提升会展的品牌形象，从而创设出更有利于会展产业集群发展的外部环境，促进场馆所在地域的竞争力，形成区域品牌。

（5）创新性

会展旅游产业集群还具备良好的创新性，通过专业分工、交流合作，对会展旅游相关企业实现地域上的聚合。就实际需求而言，随着需求的日益旺盛，旅游相关企业必然会从中发现更多的创新机会，同时在聚合区域内便可以搜寻到创新所需的人、财、物等。就供给而言，旅游产业具有鲜明的区域性特点，众多原料及服务供应商汇聚于此，也为创新提供了便利和条件。同时，随着旅游产业集群的不断发展，形成对专业技术人员的有力吸引，从而产生一个专业化人才市场，可为旅游相关企业提供他们所需要的专业人才，同时还可使企业降低招聘成本。由于集群内各主体间存在地理区域方面的相应性，因此有利于显性知识的共享和应用，同时还可以实现对隐性知识的挖掘和传播。旅游业向来重视实操和经验，而知识的传播和共享更有利于思想、方法的创新。

（二）会展旅游的纵向产业对接

所谓纵向一体化发展指的是在投入、产出方面存在相近性的阶段及企业进行优化整合的一个过程。无论是产品的生产还是服务的提供，都要经过若干阶段：首先是原材料的准备；其次是将原料加工制作为中间产品；再次是将中间产品深加工为最终产品；最后是进行批发与零售。如果某一企业同时进行两个及两个以上阶段的生产，这便是纵向一体化。因此，纵向一体化是指两个企业分别负责生产工序的上、下游位置，二者在生产中形成的合并或合作。在会展旅游产业集群快速发展的过程中，旅游产业自身的特点为其实施纵向一体化战略提供了一个理想的平台。以会展活动为核心，吃、住、行、游、购、娱等均为旅游业的重要构成部分，它们也是旅游者的基本消费对象，从而形成紧密相连、有机合作的整体。旅游企业是会展旅游行业的基本构成之一，在纵向一体化发展过程中，其价值和作用也日益凸显，不仅有利于减少交易成本支出，有效消除外部性，而且能够在经济、技术和效益等方面提供有力支持，促进企业不断拓宽市场，提升自身竞争力水平。所以，会展旅游为有效实现机械化发展，通常会采用纵向一体化战略。

对于旅游企业而言，实现纵向一体化战略所用的方式有两种：一种是资本扩张，以实现纵向集中，也就是那些具有鲜明资本优势的旅游企业，采取并购、合资等方式,实现对产业链各层次中其他旅游企业的管理和控制,以实现纵向集中的目的。另一种是通过各种形式的战略联盟来实现纵向一体化,这种形式可称为纵向联合。由于旅游组织的特殊性,各个组织所需要的资本投入不同,纵向集中往往由旅游产业链的高层次向低层次推进,而低层次向高层次的整合往往采取纵向联合的方式。

会展旅游产业链主要由会展业和旅游业两大产业构成,它们通过单向延伸形成相应产业链。而延伸必须基于行业要素的共享性和互补性。从我国会展旅游业当前实际发展状况来看,发挥主导与核心作用的通常是会展企业,而旅游企业则具有明显的滞后性和被动性。但会展旅游产业集群发展需要会展旅游企业一体化发展,针对我国当前会展旅游发展的实际,会展旅游一体化以纵向联合和部分纵向集中为主,为此,会展旅游产业纵向一体化着重加强与饭店和餐饮业、旅游景点、旅行社、交通业、娱乐业的对接。

1. 会展业与饭店和餐饮业的产业对接

(1)前者对后者的依赖与选择

只有以饭店和餐饮业为支撑,才能确保会展活动顺利有序地实施,同时也使饭店和餐饮业由此获得相应收益。任何会展活动都必须将饭店作为重要的目的地,相关餐饮设施也能从中获益。由相关统计可知,在会展代表团成本支出中,食宿费用通常占总支出的60%~65%。

对于会展企业而言,在选择饭店时也会以相应标准进行判定,这就需要饭店达到一定的标准,如优越的地理位置、恰当的设施标准、专业优质的服务、卫生美味的饮食、便捷的停车条件、明确具体的要求等。同时,个别会展代表会提出自己独特的要求,需要饭店具备相应的能力和条件,更好地满足他们的个性化需求。

(2)后者对前者的关注,以及采取的针对性营销策略

随着会展旅游需求的日益旺盛,以及可获利润的大幅提升,也引发了各国饭店行业的高度关注和积极热捧,他们非常愿意承接各类会展业务,甚至将会展市场作为新的效益增长极。唐纳德·E.兰德博格深入探究了美国饭店承接会议的实际状况,他指出,在用客房中有三分之一为会议宾客所用,饭店也会由此获得相应的销售收入,个别饭店中这部分收入甚至占到总营收的90%,其理念和观点集中体现于他的著作《饭店与餐饮经营管理艺术》

中。最近几年出版的《会议和奖励》杂志也刊登了相关的调查情况,其刊登的文章指出,国际化、规模化的大饭店,抑或饭店集团均非常重视会展市场,通过对该市场的不断细分,明确目标市场并积极予以开拓。例如:大名鼎鼎的威斯汀饭店集团,将业务发展的重点放在会展接待方面,由此获得的收益占据了其应收份额的30%;洲际饭店集团所获得的收益中,有18%也是源自会展市场。

对于饭店业而言,会展业务日益成为一项必不可少的业务内容,为饭店业带来新的收益点,由此受到更加广泛的关注,各位专家学者对其进行了深入细致的研究,并取得了一定的成果。例如,通过对会议旅游市场与奖励旅游市场的研究,同时与普通旅游类型做比较后发现,这两种类型的旅游具有下述特点:一是会议旅游分为淡旺季,淡季出现在冬季,旺季则出现在春季和秋季;二是参会人数可以是几十人,也可以是上千人;三是会议持续时间通常为3~5天,很少有超过一周的;四是在欧美国家,允许参会者的配偶及家属同行;五是很早便开始了会议地点的选择和确定工作。从地点的选择到实际会议的召开,我们称这段时间为提前期,在这一时间段内需要完成大量的组织工作,因此,会议规模与提前期时长正相关。

同时,奖励旅游也具有自身的鲜明特色:

①内容的特色性。奖励旅游必须以特定的内容凸显激励性,是员工无法用钱来衡量的,如创意独特的主题晚会、前往令人神往的地方,一次难以忘怀的经历等。

②具有独特的纪念意义。奖励旅游虽然也会与工作存在些许联系,但通常会选在一个特定的日期举办,从而赋予活动本身相应的意义和价值。

③工作与娱乐同时实现。典型的奖励旅游不仅是一种娱乐活动,还富有一定的教育意义,通常从会议开始,完成后进入观光游环节,同时还会举办盛装晚宴,也可以是主题晚会。

④突出成就和荣誉,提升员工的归属感和忠诚度,这也是主办公司开展奖励旅游的主要目的,公司可以分别从人格、精神等方面形成对员工的褒奖和激励。

这就需要饭店采取针对性的策略措施,重视营销的成效性,真正做到有的放矢,积极利用各种平台和机会,主动出击开拓市场。

随着会展旅游的不断发展,酒店也实现了与周边环境的有机融合,已经扩展了区域范围,而且包含了更多的自然要素,除建筑之外还有独属于自己的空间。以这些要素和空间为基础,酒店可以开拓更加广泛的业务领域,它能够提供更多的效应,既包括住宿及会议场所,还会向与会者提供完全有别于日常工作环境的独特空间。东南亚以其特有的独岛式酒店享誉全球,拉斯维加斯所创设的沙漠中的酒店,也是基于其独特的自然环境而存在的。新颖的、有特色的运营形式,才能更好地满足参会者及组织者的服务需求,形成与会展产业的有机对接。

2. 会展业与旅游景点的产业对接

(1)前者对后者的支持与选择

通常情况下,参会者出于放松身心和赏景游玩的目的,会利用会展活动结束后的闲暇时间参观某一旅游景点,但在特殊情况下,会议组织方也会安排在会展活动中进行。

双方对接时,应根据实际需要选择相应的旅游景点,可根据是否设有酒店等设施,将景点分为两大类:一类是带有型;另一类是纯粹型。前者指的是景点中设有酒店、度假中心等,具备良好的会议功能,不仅可以为各类会议的召开提供周到细致的服务,还可以让参会者游览风景名胜,因此极具竞争力;后者则仅有单纯的景点,很难取得竞争优势。

(2)后者对前者的关注,以及采取的针对性营销策略

这一关注通常会侧重于旅游者的需求方面,据此设计针对性的旅游产品。整体而言,这些产品主要分为两类,即商务类和休闲类。休闲类产品虽然是一种补充产品,但其发挥的作用也是不可忽视的,这是由于会展旅游者已经将休闲游作为商务旅游的衍生品,是会展活动的基本构成,因此休闲游并非可有可无,其是评价会展旅游举办情况的重要标准之一。

针对旅游景点所实施的营销策略,应将商务活动与休闲观光综合考虑,将它们一并纳入会展旅游的重要内容,而不能厚此薄彼。

3. 会展业与旅行社的产业对接

(1)会展业对于旅行社的支持需求与选择

为确保会展旅游活动举办的质量和效率,办展机构通常会将这些业务交由专业旅游公司打理,自己则专门负责组织与管理方面。专业旅游公司

打理的事项主要有参会者的食宿安排、机票订购、市内交通预设、旅游线路设计等。在选择专业旅游公司时,需要全面考虑其资质、信誉和实力等方面,从而为会展旅游者提供专业优质的服务。

(2)旅行社对于会展业的关注和针对性营销

旅行社应全面深入地了解国内外旅游市场情况,明确自身目标市场,在此基础上开展有针对性的营销活动,加大促销力度,不断丰富创新促销手段,可以有目的、有计划地组织促销团队进入目标市场考察调研,开展直面式的促销;也可以加强与当地旅行社、贸易公司的合作,制作具有吸引力的广告,并加强宣传推广;还可以积极利用先进的科技手段,实现对产品的促销,如根据实际需要,设计中国会展旅游产品网站。

相比于传统观光游,会展旅游活动的举办涉及诸多领域、行业、部门等,这就需要旅行社制作好精细的旅行方案,同时,还要加强对其他相关方案的设计优化,主要包括客户公关、会展实施和拓展培训等;为确保这些方案的有效实施,还需要掌握演讲、摄影、翻译等相关技能,随着业务领域的不断拓展,客户需求的不断提高,所需的专业能力也就越来越强。在激烈的竞争中取得优势,开拓更为广阔的市场,必须打造一支业务精良的专业化队伍,设置专门的商务会展旅游业务部门。

4.会展业与交通业的产业对接

(1)会展业发展对于交通业的依赖

只有在高速运转、畅通无阻的交通运输网络下,会展经济才会得到快速发展,那些旅游业发达的国家和地区,无不是交运系统建设领先的地区。因此,离开交通运输业的支撑,会展产业将难以实现持续发展。

通过高度便捷的外运系统,会展游客可快速有序地进入会展城市。在西方国家,凡是会展旅游发达的国家和城市,其航空运输业也是一流的。世博会参会者通常将飞机作为出行的首选,很多会展名城也是知名的空运中心。此外,乘坐其他交通工具(如火车、轮船、汽车等)也可以抵达,但这些都依赖于高度完备的交通体系。

顺畅高效的市内交通格局,可将分布于各处的会展场馆有机连接。例如,北京的场馆大部分位于三环以内,主要散布于朝阳、海淀、西城等地。这种分散布局可以避免向中心城区的过度集中,有利于在会展活动举办的过程中更好地疏解交通堵塞问题,但也存在不足之处,那就是不利于各场馆间的沟通协作,难以实现优势互补,无法产生良好的集聚效应,更无法实施集约化运营。因此,交管部门必须采取积极有效的措施,确保市内交通畅通无阻。

会展活动的举办及该产业的发展,必须以完备的交通系统为支撑,构建起水陆空相互交织、紧密衔接的高速通行网,同时与市内交通体系形成合理的分工与有机组合,不断强化与各个国家、地区间的交通互联,形成对会展旅游运输的强力支持。

(2)会展业对于交通业成长的现实促进作用

交通运输部门的科学安排,可为会展活动及产业发展提供有力支持,在这个过程中,交通运输产业及相关企业也会得到极大发展。越来越多的运输企业意识到,会展旅游可以带来更大的利润和收益,并且这种发展趋向更加明朗。作为会展名城的拉斯维加斯,在此举办的商务和会议旅游日益增多,1997—2001年,这类游客的占比快速增长,涨幅为年均1%,即由11%升至16%。

国家统计局数据显示,2018年长途交通国际旅游外汇收入为366.31亿美元,2019年长途交通国际旅游外汇收入上升至401.91亿美元,上升了9.7%。

5.会展经济与娱乐业的产业对接

(1)会展旅游需要娱乐业的支持与配合

作为一个高度综合、深度融合的新兴产业,旅游业的发展需要六大要素的支撑,即吃、住、行、游、购、娱,在这些要素中,娱乐可能并非某次旅游活动的核心项目,但如果缺失便会使游客产生一种乏味或失落之感。为此,我国针对旅游服务问题出台实施了相应标准,对旅游中的娱乐活动做出了明确具体的规定,即:3日内的游览至少安排1次文娱活动;4~7天的至少安排2次;超过8天的以3次为最低限。会展旅游是一种特殊的旅游类型,更需要娱乐行业的支持与配合。会展业高度发达的城市必然有一个完善的产业链作支撑,任一要素的缺失都会使旅游业的发展滞后。例如,海口市原有的娱乐业并不发达,游客普遍反映夜间几乎没有什么娱乐项目,感到非常枯燥乏味,对此,海口市进行了有针对性的调整优化,将打造会展城市作为发展目标,不断加大对娱乐业的调整和优化力度,做出科学具体的超前规划——促进娱乐业的快速发展,既要实现层次的提升,也要大幅扩展其规模,将娱乐业做大做强。

(2)会展旅游不仅可使娱乐业增加收益,还可以实现其更快的发展

通过积极发展娱乐业,城市可向会展旅游者提供丰富绚丽的感受和体验,同时,会展产业可向娱乐业提供更多客源,带来全新的商机,由此形成一种良性循环。游客当前所看重的不仅是观光赏玩,更是休闲娱乐,从而放松身心,体验生活的美好。例如,大连早在20世纪末便提出建设"浪漫之都"的设想,并利用5年时间进行了建设和改造,从而打造出"浪漫之都"这一品牌,同时在国家市场监督管理总局进行了注册,加强对海外市场的开拓,由此可吸引更多的参会者及游客。随着海口市会议市场的不断成熟与发展,其在旅游业中的地位与作用也日益凸显,成为主打产品之一。与团队客人相比,会展游客的消费支出更具高档性,可为地方娱乐业提供更为充足的发展资金、更加丰富的发展机会。

此外,会展旅游还实现了与其他相关产业的紧密衔接,如销售、保险、金融等。就其产业链构成而言,均存在巨大的合作空间,需要以战略思维深度挖掘。如:会展旅游产业会形成与房地产业的密切联结。20世纪80年代末,随着汉城奥运会的结束,韩国并没有出现"奥运低谷效应",特别是其房地产业始终保持热销的盛况,延续至90年代中期。美国举办亚特兰大奥运会期间,其房地产业也从各类基建及场馆建设中获取了极大的收益。对于政府而言,在开展工程建设、进行社会治理过程中,均将开发商的利益纳入考量范畴,所以美国房地产业在这届奥运会中得到十足的发展动力。美国亚特兰大市中心地区,其写字楼和商业物业也实现了前所未有的发展,特别是在奥运会结束后,众多世界知名企业、政府组织等,争相落户于亚特兰大;同时,为举办奥运会,美国政府还配备了先进的通信设施、新增了众多宾馆等,这些都成为吸引会展、会议的重要条件,亚特兰大由此也得到了"会议之城"的美誉。亚特兰大郊区住宅由此发展为一个旅游打卡地,被誉为"全美最漂亮的住宅区"。由此可以看出,会展旅游产业会形成与其他产业的紧密联结,形成良性互动局面,促进相互发展。北京奥运会举办前后,位于奥林匹克公园附近的房地产也实现了大幅增值,增幅高达30%甚至更高。为了

更好地迎接奥运会,北京还对市中心片区的旧城建设进行了大力改造,大部分工业厂房被迁至郊区甚至更远的地方。各国政府还为奥运会的举办,全面整治了举办城市中心城区和郊区范围内的道路交通及相关设施,加之奥运会结束后所产生的后续效应,保持了举办城市经济的持续增长,民众消费信心更足,郊区住宅建设也得到高度关注,成为热销产品。

(三)会展旅游的区域横向协作

横向协作指的是存在一定关系的各个企业、经济组织等,出于实现共赢的目的,在自愿的基础上构建起的稳定且持久的经济关系。在会展旅游产业集群发展的过程中,各相关企业为了有效应对日趋激烈的竞争,不断增强彼此间的协作。其合作对策体现在以下三个方面。

1. 营造统一市场

(1)统一市场准入标准

区域内各会展城市为得到市场准入资格,获得更多经济利益,往往会选择一体化发展策略,但市场准入资格的获取也是影响区域一体化发展的重要因素。这是由于地方政府为了保证自身利益,通常会采取地方保护措施,限制或禁止其他地区进入,因此,只有打破行政壁垒,形成统一的市场准入标准,才能实现全国市场的统一。

(2)加强知识产权保护

应严格遵循国家出台的《展会知识产权保护办法》,制定有效措施,实现对会展各方知识产权的全面保护。如此一来,既可创设公平有序的竞争环境,以免陷入价格战误区,还有利于加速各要素的共享和应用。

2. 开展错位竞争

对于某一区域内的各城市而言,当谋划会展城市发展时,既要立足于自身的实际,又要着眼全局,将区域全局、区域地位、经济现状、城间互联、差异发展、特色之处等,全部纳入考量之中。例如,长三角地区各城市间可通过横向协作的方式,首先进行城市分层,然后对自身会展业的发展做出相应定位。

（1）国际综合会展旅游城市——上海

符合下述条件的城市才能被称为国际综合会展城市：具有极为雄厚的综合实力；具备高度的国际化水平；形成了非常发达的产业体系，构建起辐射力极强的发展格局；多次举办高规格的国际展会，积累了丰富的经验；在专业人才和接待能力方面，具备举办国际大型会议的能力。上海符合上述标准要求。

（2）会展旅游名城——杭州、苏州

符合下述条件的城市才可入围会展旅游名城：具备便捷的交通条件；空气优良、环境优美、旅游资源优越；具有一定的国际知名度，树立起良好的旅游品牌形象，深得民众认可和青睐；数次举办国内外大型展会，具备相应的能力，积累了丰富的经验，发展前景广阔。苏州和杭州都符合以上条件，它们均为长三角著名旅游城市，不仅具有较为发达的经济，其旅游资源也非常丰富。

（3）国内综合会展旅游城市——南京、宁波

符合下述条件的城市才可入围国内综合会展旅游城市：属于省会城市或达到副省级以上级别的城市；具备发达的产业体系；在本区域内具有较强影响力和辐射力；多次举办大规模会议和展览，定期举办较有影响力的展会。符合这些条件的城市有南京、宁波等。

（4）特色会展旅游城市——义乌、温州

符合下述条件的城市才可作为特色会展旅游城市：具有特色鲜明的主导产业；在国内外具有较高知名度；形成了发达的市场经济，特别是制造业和商贸活动非常频繁。符合这些条件的城市有义乌和温州等。

（5）一般会展旅游城市——无锡、常州、绍兴、徐州、台州

符合下述条件的城市为一般会展旅游城市：位于长三角地区；形成了具有特色化、优势化的重要产业；具有发展会展业的优越条件和坚实基础。符合这些条件的城市有无锡、常州、绍兴、徐州、台州等。

3.鼓励跨地区会展业合作

为达到会展业一体化发展的目的，需要地方政府制定有针对性的激励措施，鼓励会展企业加强合作，特别是跨地区会展企业，应发挥自身优势，加强相互间的沟通合作。既要不断开拓会展业务领域，创新会展业务产品，还

要积极开发相关产业,建立起高校战略合作关系,不断强化产业延伸,持续增强一体化合作。各城市会展企业间应强化各方面环节的合作,特别是在项目开发、会展营销及管理等方面,同时还要积极鼓励并购联合。

针对跨地区间的会展业合作,可从以下两方面着手:一是减免税收,对于合作项目所得实施税收减免,形成对跨地区间会展业合作的有力引导和鼓励;二是构建信息共享平台,区域间各会展企业通过该平台可实现信息的及时共享、快速流通,从而强化相互间的合作。

(四)会展旅游产业集群建设

在市场需求的拉动和各级政府政策的促动下,我国会展旅游得到了长足发展,如今,上海、北京、广州等城市的会展旅游产业已经形成集群发展的态势,集群内各构成要素之间相互联系,形成了一定的竞争优势。从波特的竞争力理论角度来看,会展旅游产业集群的发展毫无疑问是各城市迅速增强会展产业竞争力的重要手段。因此,为了有效促进会展旅游产业在未来较长时期内健康快速增长,可从宏观、中观和微观三个层面加快会展旅游产业集群建设。

1. 宏观层面

(1)做好会展旅游产业集群规划

上海、北京、广州等城市会展旅游产业集群正处于成长期的初期,根据会展产业集群的发展阶段理论和城市的区域属性,想要会展旅游产业集群得到成长,只有政府先做好会展产业集群各个方面的规划工作,才能推动产业集群形态和功能的快速形成。规划工作的开展主要从以下四个方面进行:一是侧重从形态角度做好会展旅游产业集群空间格局规划,对产业集群的各构成要素做好空间上的有机布局和具体用地安排;二是侧重从产业和功能角度做好会展旅游产业集群内主导产业与相关产业的产业规划;三是做好会展旅游产业集群和城市其他产业基地以及与会展的联动发展规划,同时明确城市会展旅游产业集群在整个区域会展业格局中的地位;四是将会展旅游产业集群的发展纳入城市经济发展规划和城市建设规划中,进行统一规划管理,真正使会展旅游产业集群和谐稳定发展。

（2）改善会展产业集群的制度环境

为了改善城市会展旅游产业集群的制度环境，增强竞争力，应根据各城市会展旅游产业集群的发展现状、适应的发展模式以及集聚区特性，研究并制定有力、有效的政策，发挥政策环境的引导力，吸引相关产业企业向会展产业集群集聚。主要从以下三个方面进行推进：其一，加快会展业立法进度。明确会展业的管理部门、管理办法、展览活动主体，以及各方面的权利和义务，增强展览活动的透明度，规范展览市场。制定与国际接轨的区域会展企业行为规范，引导会展经营主体规范经营、公平竞争，维护会展市场秩序。其二，推进公共服务环境建设。重点推进会展行业服务标准建设以及会展业客户满意度体系、会展业诚信企业评估体系以及会展业信息统计共享体系的基础性系统开发。通过信息化、系统化和网络化途径整合会展产业集群内各行业的服务和信息，形成公开、便捷、共享的综合服务平台和联动机制，构建会展业健全的政府服务体系和社会化服务体系，发挥服务的集聚效应。其三，建立政策高地，激励会展专业服务公司和人才进入，鼓励相关功能机构向集聚区快速聚集。

（3）建立城市会展旅游人才高地

知识经济时代，人力资源作为知识和创新的源泉已经成为竞争的焦点。我国会展旅游产业发展起步较晚，部分会展业与旅游业从业人员的素质还有待进一步提高，同时也存在会展业从业人员数量不多、专业结构不全等问题。可以说，我国各地会展业人力资源的竞争力水平还较低，这对会展业的发展构成了一定的阻碍，发展会展产业集群需要积极采取有效措施，努力改变这一现状。

为了打造城市会展旅游在人力资源方面的竞争力，我们需要通过人才的引进和培育，形成会展旅游产业集群的人才和信息高地。主要措施有两方面：一是重点引进会展高素质人才和机构到集聚区内，包括专业会展服务商组织者、目的地管理公司、专业会展策划、广告创意人才；二是政府适当投入，尽快培训本土化的会展专业人才，将会展专业人才教育纳入区域教育系统，形成规范的会展专业人才教育机制。鼓励高等院校积极开设会展专业，不断丰富教育资源，强化对会展核心人才的培育，重点培育三种类型的人才：一是核心型；二是辅助型；三是支持型。充分利用行业协会、高等院校各自的优势特长,有目的、有计划、有步骤地进行职业教育及相关培训,体现出应有的层次性;同时提供更加丰富多元的培训渠道,重视对此类教育培训的引导与规范,引入会展职业资格认证制度,从各个级别和层次加强对会展人才的培养,形成针对技术人才的科学评估和聘用机制。

2. 中观层面

(1)增强会展产业集群品牌竞争力

产业集群竞争的不断加剧,进一步凸显了品牌的力量和价值。无论是美国硅谷的高科技还是意大利的皮具加工,都集中体现了企业品牌和集群品牌的互益互利、共同促进,进而创造出一个全国甚至是全球性的顶级品牌,这是产业集群实现现代化发展的重大成果;同时也形成了极富创造性的产业,获得了巨大的利润与价值,实现了对企业的有力吸引和聚拢,迅速融入全球价值链中,同时实现价值增值。

因此,我们要创新,要提高服务质量,多打造特色知名品牌展,增强整个会展旅游产业集群的竞争力。其一,将国际知名会展企业作为目标群体,采取积极有效的措施吸引它们落户,同时鼓励国际知名会展品牌项目的进入。其二,通过积极创新培育特色化的中国展览品牌,并拥有自主知识产权,积极引入、创新应用国际展览资源,并使之与中国单独展有机结合,达到优势互补的目的。其三,引导国内会展企业积极加强投融资,实现对国外展览品牌资源的有机整合,共同创造具有国际影响力的展览品牌。其四,引导国内会展企业及项目严格遵循 UFI 标准,鼓励会员企业及其品牌开展 UFI 认证。

(2)完善会展产业集群保障体系

要想发展好会展产业集群,就必须有一定的保障体系作后盾。会展保障体系是指为会展提供配套服务的一系列组织机构,既包括在会展活动中从来都不可或缺的传统服务商,也包括随着会展的繁荣发展而不断衍生出的一系列新型服务商。传统的服务商是指为会展项目提供设计搭建、设备租赁、招商代理、广告策划、现场礼仪等服务的组织或人员。伴随分工合作专业化程度的提高,一批提供行业咨询、管理信息系统、网络信息服务等的新型服务商将有较大的发展空间,他们将与传统服务商一起服务于会展经济产业链中的各个环节,为会展业的发展提供全方位的保障。

要保障会展产业集群整体的和谐发展,不仅要有会展产业和会展企业的迅速发展,还应该有其他相关产业和相关服务企业的联动发展。这主要是靠市场的推动,同时还要靠政策的引导,吸引大量相关行业的企业与机构入驻会展产业集聚区,是会展旅游产业集群发展的有力后勤保障。

（3）发展会展产业集群创新能力

会展旅游产业集群的核心竞争力就是会展产业集群的创新能力。创新能力是会展旅游产业集群和会展产业向前发展的强大推动力,尤其是在同类会展日益增多的今天,创新能力为营造会展的差异性、增强会展的吸引力提供了重要保证。会展产业涉及面广、交易方式多样,区域空间跨度大、时效性强,在其形成和发展的过程中通过所使用的技术方法、手段和理论的变革重新组合发展要素,使会展产业资源配置效率显著提高。作为新兴行业的会展产业,成为会展产业集群和国民经济的主导产业的重要基础是其对新技术成果的广泛推广和应用,使会展产业集群成为知识、技术的主要吸纳者。虽然,由于存在产业差异和技术引入差异,会展产业作为会展产业集群的主导产业,并不是在每一个领域都要保持技术主导地位,但在会展产业所涉及的技术领域必须保持主导地位。因此,会展产业集群创新能力的发展是整个会展产业集群持续发展的核心保证。

3. 微观层面

（1）提高会展场馆竞争力

当前,我国许多城市展馆扩建速度与市场扩展速度不同步,致使部分展馆供求紧张,而且诸多展馆配套设施和服务还不十分完善,如展位布局不够理想,地铁出口处到展馆距离远,交通不便,停车位少,银行外币兑换不方便等。而且各地城市会展旅游业也面临着越来越严峻的竞争压力,最近几年,越来越多的地方政府开始关注会展业,不断加强相关的投资和建设,同时出台相应政策,保障、促进会展业的发展。

基于市场竞争日趋激烈的发展现状,要打造具有较高凝聚力的国际品牌会展产业集群,必须提高会展场馆的软硬件竞争力。应当联合政府、企业的力量,利用国内外资源,加大对市政设施和会展基础设施的投入,加快产业集群配套要素建设。在布局规划和政策配套的基础上,针对目前场馆建设进度慢、部分展会排不进档期的突出问题,以及集聚区内的公共交通、停车场、宾馆住宿、会议设施、商务楼、商场购物、聚会场所和公寓楼等功能要素不足的矛盾,着重推进配套要素建设,快速构造以商务会展为主导,包括休闲娱乐服务、购物和文化服务功能相适应的会展综合服务区,形成全面的产业发展和集聚区配套体系,使整个城市会展旅游产业集群在会展场馆的硬件设施和软件服务上都具有相当的竞争力。

（2）加大营销推广和市场开拓力度

市场是产业和企业生存的基础,营销推广和市场开拓得当,能大大增加市场份额。会展产业集群在这方面的工作应该从以下两个方面着手:其一,以整个城市会展旅游产业集群为载体,在服务承诺的基础上,以优惠政策为杠杆,加大对国际协会性会议以及品牌展览的招商力度,提升整个会展产业产品的等级;其二,以会展产业集群内的某一个著名集聚区或者整个会展产业集群作为一个会展目的地进行整体包装,向国际和国内的会展组织者进行市场营销推介,进而推动会展产业集群进一步融入世界会展大环境。

（3）加快会展企业信息化建设

现代信息技术的发展为城市会展旅游产业集群的发展提供了强有力的技术支持,会展旅游产业完全可以利用它缩短同国外发达国家会展产业之间的差距。加快会展单位的信息化建设,可以从以下两个方面着手:第一,在会展企业内部各个环节实施信息化,提高管理效率。信息技术能深入会展的组织、扩展、管理及服务等各个方面,企业能通过它提高工作效率,强化监督控制能力,拓宽企业文化构建渠道,实现管理科学化和规范化。第二,构建会展电子商务平台。展馆信息、招展信息、会展信息、参展商和采购商信息、招展过程,以及围绕展会各企业间的信息沟通都可以通过信息网络来实现。

第三节　会展旅游的发展

会展业每年为全球带来近 3 000 亿美元的收入,发展会展旅游需要我们先了解会展旅游的发展历史,并把握国内外会展旅游的发展趋势,探索适应新的市场形势和发展环境的中国会展旅游发展道路。

一、会展旅游的发展历史

(一)国际会展旅游的发展历史

在经济社会发展过程中,地域限制不断被打破,自由理念日益深入人心,会展旅游随之诞生并发展。在这一过程中,会展旅游共经历了三个阶段,即萌芽期、发展期和成熟期。

1. 萌芽期:集市发展阶段(原始社会末期至 19 世纪中叶)

会展旅游发端于数千年前的原始集市,当时正处于城邦时代的欧洲大陆,已经形成了诸多集市贸易中心,吸引着世界各地的客商前来交易。丝绸之路就曾经作为交流的纽带对东西方的经济文化产生积极的影响。公元629 年产生了首次国际集会交易会,也就是巴黎郊区的圣丹尼斯交易会。近代旅游业的开启及会展旅游的开创,均由英国人托马斯·库克实现。1841年,他在莱斯特组织了一个 570 人的团队,主要是为了前往拉夫巴罗参加戒酒大会,这一旅程具有划时代的意义。

2. 发展期:博览会发展阶段(19 世纪中叶至 20 世纪 40 年代)

由于经济的发展和社会的进步,地区间产生了更为频繁的交流需求。英国早在 19 世纪中叶便萌发了举办世界性博览会的想法并提出了自己的要求,在其努力推动下,1851 年成功举办了首届伦敦世界博览会。

美国首先将会议旅游视作一种特别的、专门的经济活动,于 1896 年 2 月设立了底特律会议局协会,由此引发人们对这种旅游形式的高度关注。1928 年,在法国的提议和助推下,国际展览局(Bureau of International Expositions,BIE)得以成立,在巴黎举行了相关会议,31 个国家的代表签署了《国际展览公约》。截至目前,BIE 共有 182 个成员国。从第一届世博会举办至迪拜世博会,共举办了 43 届世界性博览会。世博会的举办改变了过去单一的商品展示方式,通过样品展示,诚邀专业人士参展,同时进行期货贸易,从而达到繁荣商业的目的。

3. 成熟期:会展旅游阶段(20 世纪 40 年代至今)

第二次世界大战后,特别是从 20 世纪 70 年代起,美国及西方各国出现了大建会展中心的现象,特别是大型会展中心更受青睐,类型各异的国际会展中心拔地而起,国际展览业实现了快速发展,产业规模急剧扩张、不断膨胀。由相关统计可知,全球范围内每年举办的国际会议达到 40 余万个,定期举办且具有一定规模的展览会有 4 000 多个,所涉及的行业领域非常广泛,与民众生活深度相融,到 21 世纪初,这一旅游形式已发展到较高水平,形成一定的规模。作为会展旅游的诞生地,欧洲各国的会展实力普遍较强,享誉世界的有英、德、法、意等国。巴黎被誉为"国际会议之都",也是全球会展旅游最为兴旺的城市,每年都有 600 余个国际大型会展在此举办,由此获得的收益在这一领域中一直居于全球首位。北美地区是会展旅游的后起之秀,美国、加拿大会展旅游比较发达,而美国作为世界上最大的国际会议主办国,其交通运量的 22.4% 和宾馆客源的 33.8% 都来自会展旅游。亚洲的会展旅游规模和水平仅次于欧美,主要集中在日本、新加坡和中国香港,以及大洋洲的澳大利亚、南美洲的巴西、非洲的南非和埃及等。

从会展旅游的发展历程可以看出,一个国家的会展旅游发展水平与该国的经济发展水平相适应。发达国家凭借其在科技、交通、通信、服务业等方面的优势,在世界会展经济发展过程中处于主导地位。随着全球经济一体化进程的不断加深,发达国家的知名会展公司也会将业务渗透到发展中国家,从而使发展中国家的会展规模和水平得到进一步扩大与提高。

(二)我国会展旅游的发展历史

我国会展旅游的发展可以分为三个阶段:初始阶段、起步阶段和发展阶段。

1. 初始阶段

初始阶段可以追溯到 1851 年,在该年度的伦敦世博会上也出现了中国人的身影,他便是商人徐荣村,当时其以私人身份参加本次世博会。首次代表中国参加世博会的是一位名叫包腊的英国人,他参加了 1873 年的维也纳世博会。三年后的维也纳世博会上,清政府第一次以国家身份派代表参会。1915 年,北洋政府也派代表参加了巴拿马博览会。国内首次全国博览会于 1926 年在南京举办。在这一时期,杭州在 1929 年还举办了首届西湖博览会。

2. 起步阶段

1949 年到 20 世纪 90 年代,是我国会展旅游发展的起步阶段,虽然这一时期中国会展的总体水平仍旧很低,但是与初始阶段相比已经有了较大改善。1951 年,我国也派代表参加了莱比锡春季博览会。在我国政府的努力下,中国国际贸易促进委员会于 1978 年举办了"十二国农业机械展览会"。四年后我国派代表团参加了诺克斯威尔世博会。

3. 发展阶段

进入 21 世纪后,我国经济持续向好发展,开放格局不断扩大,在这一时期,会展业获得了前所未有的发展良机,由此诞生了 5 个会展经济产业带。一是环渤海会展经济带。它以首都北京作为中心,向黄渤海城市辐射散发,以天津等城市作为关键支点,不仅发展时间较早,形成规模较大,而且包含城市数量较多,专业化水平较高,国际化程度较深,产业门类较为齐全,聚集了众多知名品牌,举办了数十次品牌展会。二是长三角会展经济带。它是基于上海这一国际化大都市,将南京、杭州等城市作为重要支点。它的发展起点明显较高,得到政府的大力支持,整体规划较为合理,具有鲜明的贸易属性,地理位置优越,产业结构合理,可发挥强力辐射和带动作用。三是珠三角会展经济带。它以广州为中心,充分利用广交会的助力提升作用,同时又得益于改革开放的先行地,这一地区的经济发展尤为迅速,也为其会展经济带来更多机会,使会展业发展呈现出现代化水平较高、优势特色明显、地域及产业分布集中等特点。四是东北会展经济带。它基于大连这一核心城市,以沈阳、长春等作为发展的重点,积极利用东北老工业基地积淀,以及东北亚的区位优势,积极发展与之相关的博览会。五是中西部会展经济带。这是一个新兴的会展经济带,成都作为其核心城市,带动周边城市的发展,主要以郑州、重庆等作为发展重点,各城市均已形成了独具特色的博览会,如重庆高交会、成都国际博览会等,具有极大的发展潜能。

21 世纪第二个十年伊始,北京、上海、广州都制定了会展业的单项发展规划,与此同时,许多城市也都把会展业纳入了发展蓝图,除了修建专业化的会展场馆外,还不遗余力地出台相关优惠政策,扶持会展业的发展。因此,虽然我国会展业的总体水平与国际会展业发达国家相比差距仍旧较大,但是我们相信,通过学习发达国家的先进经验,同时凭借自身的努力,会展业最终可以成为我国经济发展新的增长点。

二、会展旅游的发展趋势

相关统计表明,会展旅游对全球经济的贡献率在8%左右,目前已经成为都市旅游产业的关键组成部分,这让会展旅游成为旅游业当今发展的研究热点之一。我国的会展旅游业起步较晚,但随着我国社会经济发展和城市化进程的不断加快,会展旅游迎来了前所未有的发展契机,需要我们准确把握会展旅游的发展趋势和特点,为我国会展旅游的发展创造良好的内部与外部条件。

(一)中国会展旅游的发展趋势

会展旅游的兴起实际上意味着旅游形式的升级换代,在我国越来越多的资本正在流向旅游业,而会展旅游成为它们的新增值点。例如,位于京郊的"天下第一城"原为单纯的主题公园型旅游区,但当投资商发现观赏类资源易于类同、利润点低之后,其发展思路便开始向会展旅游转变:原来观赏性的城墙、城楼都被巧妙设计为饭店、会议中心等,并将原来的现代游乐园改为高尔夫球场,建设集吃、住、行、游、购、娱于一体的"六城",而这种转型已经成为很多旅游集团的模式。企业多元化经营需要走出原有的纯粹旅游框架,变被动为主动、以会展促旅游的会展旅游成为其目标也就顺理成章了。

加入世界贸易组织后,我国会展旅游进入一个新的发展阶段,随着会展旅游市场化程度的进一步加深,市场竞争更趋激烈,社会经济生活必然也发生巨大变化。会展业的发展只有适应市场经济的要求,才能实现自身的发展。

1. 国际化

所谓会展业的国际化,是指加强对外交流与合作,借鉴国外先进的经验和管理办法,提高办展水平。

我国在制定规范会展旅游业的法规和政策,促进与会展旅游各相关行业的协作与协调发展的同时,也在不断地与世界国际会展协会的专业组织联系,加强交流与合作,学习先进的经验。建立与国际旅游业相适应的管理体制,实行专业化管理,创立会展旅游的品牌,这是提高我国会展旅游国际市场竞争力的内在保证。一方面,我们积极与国际会展专业组织合作,吸引外国会展旅游的专业公司来国内组织人员培训、举办展览等,鼓励外资投向会展场馆和综合配套设施建设;另一方面,我们可通过采取补贴、税收减免和免费提供办公地点等方式,鼓励国际会展业协会设立地区总部,吸引国际著名会展公司在国内设立分公司或办事处。

2. 专业化

所谓专业化,是指会展内容应专门化,这样既可以吸引专业厂商参展,又容易形成规模效益,增加主办者的经济效益。专业化展会是国际会展界通行的成功模式,也是加入国际展览联盟的前提条件。

当前我国的会展公司规模相对较小,其主要业务是会展活动的策划与组织,对展会期间的会展接待服务较为看重,今后随着会展业市场化程度的提升,分工更细、更专业的会展细分企业将会大量产生,会展旅游的发展也将有新的契机。

3. 规模化

所谓规模化,即会展企业要上规模。会展企业要想按照市场规律运行,走会展产业化道路,必须靠市场竞争来发展壮大,在竞争中进行跨地区、跨部门的战略重组,组建展览集团,实现资本扩张,扩大企业组织规模,增加竞争实力。

目前我国的一些大型旅游企业已经加入了国际性的会展组织,开始向会展旅游市场发展,但仍有很多的大型旅游企业还没有或者还没有完全进入会展旅游市场。不难想象,随着会展旅游经济效益的日益增长,未来会有许多大型旅游企业以更为丰富的形式进入会展旅游市场。

4. 品牌化

品牌是会展业的灵魂,也是中国会展业在 21 世纪实现可持续发展的关键。纵观世界上会展业发达的国家,无不拥有自己的品牌展会和会展名城。要增强中国会展业的国际竞争力,品牌化是必由之路。21 世纪是创新的世纪,在这样一个追求个性的时代里,一种事物如果不能创新就不能获得持续发展的能力。

我们应针对特定的会展旅游市场进行营销宣传,实行品牌促销,把有限的资金集中使用到几个影响大、效益高的重点市场。根据目标市场需求分级定位,我国将会打造更多的会展旅游品牌。如义乌的小商品博览会、江西的红博会等。竞争是压力,也是挑战,作为一种新兴的旅游产品,会展旅游是世界旅游业重要的客源市场和争相竞争的目标市场。从我国现实的经济条件来看,发展会展旅游品牌是一种理想选择。它既相当符合我国各大中城市的特点,又可以提高我国经济整体竞争力。有一种合理的假设:如果一个中小城市每年举办 50 个各种类型的展会,每年能够吸引省内外参观者200 万人,以每人消费 800 元计算,会展旅游所带来的收入至少是 16 亿元。

5.规范化

随着我国经济体制改革的深入发展,政府不再是直接干预,而是通过法律法规来规范市场、规范企业行为,营造一个有利于会展旅游发展的市场环境。1998 年 6 月由北京市贸促会发起,成立了我国第一家国际会议展览业的中介组织——北京国际会议展览业协会,之后上海、山东等省市也相继组建了国际会议展览业协会,制定了国际展览业协会章程。这些组织章程旨在支持公平、平等的竞争,反对不正当竞争及欺诈行为,改善、优化展览业市场环境,更好地协调、管理、规范会展业的市场秩序,同时为增强各地区会展旅游的良性竞争,形成强强联合,以期为其营造更好的市场氛围。如在 2006年,北京市旅游局与全球最大的展览组织机构——励展博览集团结为合作伙伴,联手举办了中国(北京)国际商务及会奖旅游展览会,促进了会展旅游在中国的发展。

(二)国际会展旅游的发展趋势

美国一位市长曾经这样说:"如果有人在我们的城市开会议、办展览,就好像有人开着飞机在我的头顶上撒美元。"面对新的市场形势和发展环境,我国的会展旅游必将探索出一条新的发展道路,这对于一些在经济、金融、都市化及整个城市重新构架等方面都在发展的现代化城市来说极其重要。

1.特色化

所谓特色化,是指会展企业要进行科学合理的定位,结合本地区的资源优势、特点及本部门的实际情况,确定办展的主题,并围绕主题开展会展活动,使会展富有特色,创名牌会展。

随着标准化服务设施的完善,会展组织者在选择地点时已经开始考虑其他外在因素,如自然景色、文化传统、体育活动、居民好客度、当地专业会议组织者、地方政府是否支持等。而会展旅游持续时间较长,能否给旅游者提供独具魅力的观光游览、团队节事或主题聚会等成为吸引他们的内容,旅游者对旅游产品与户外主题的结合具有相当的需求,因此,实施别具一格的战略、挖掘地方文化特色、追求时代流行时尚成为取胜之本。

2. 创新化

21 世纪是创新的世纪。中国会展旅游作为一种新兴的旅游形式,只有不断创新才能突出自身的特色。会展旅游的旅游者大多具有一定的社会地位,拥有良好的经济条件,对旅游的要求也会随之提高。因此,要想在国际会展旅游市场中分得一杯羹,就需要在经营观念、旅游产品以及服务方式上不断推陈出新,这也是发展会展旅游必须坚持和遵循的一项重要原则。

3. 信息化

现代社会是信息社会,信息化已成为会展旅游与国际接轨,实现科学管理的一个重要衡量标准。信息技术的快速发展和广泛使用,对会展旅游的完善和提高产生了极大的促进作用。当然,这也要求旅游企业加强与国际知名会展企业之间的交流与合作,充分利用信息技术的优势提升会展旅游的吸引力。

4. 生态化

可持续发展是人类社会永恒的话题。无论何种产业,要获得持续、健康的发展,就必须寻求经济效益、社会效益和生态效益的统一。可以预知,生态化将成为会展业发展的必然趋势。

5. 多元化

当前,在会展旅游的选择方面正呈现出多元化趋势,在大城市举办各类大型会展活动的同时,还有很多会展活动正向中小城市转移,其中可以考虑的因素无外乎价格、交通、逐步改善的服务设施和弹性模式,因此,会展旅游市场的开发是多层面的,而竞争也将更加激烈。在很多时候,是否具有直飞航班可能成为制约下一级城市会展旅游发展的瓶颈。

第四节　国内会展旅游发达城市的经验及启示

一、国内会展旅游发达城市的经验

（一）上海会展旅游发展经验

上海会展旅游业起步于20世纪80年代，经过40多年的发展，形成了会展旅游产业规模大、竞争力强的格局，呈现出规模不断扩大、专业化增强、定期举办展览的特征。上海会展旅游产业发展日趋成熟，这与上海独特的区位优势、完备的基础设施与配套设施、区域经济高速发展以及会展相关行业的大力支持等多种因素密切相关。

1.基础条件良好，配套设施完善

上海拥有独特的区位条件。作为我国的经济文化中心和交通通信中心，上海的起点很高。凭借海陆空的立体化交通网络，上海连接了海洋腹地与内陆腹地两个扇面，区域辐射面积大，这是国内一般城市无法达到的。具体而言，从国际区位条件来看，上海位于太平洋西岸的"亚太经济圈"，是"亚洲繁荣经济带"的中部，是世界第三大城市群的重要一环；从国内区位条件来看，上海是我国的经济中心城市，具有辐射华东、眺望全国的地理优势。上海凭借其独特的区位优势成为我国经济发展格局中的重要节点，同时经济集聚和扩散效应格外明显，也使得上海成为众多会展组织者的青睐之地。

从完善的基础配套设施来看，首先是以道路为代表的基础设施条件，发达的交通条件是国际会议、展览形成和发展的基础依托。目前，上海已经建成以浦东国际机场为主、虹桥国际机场为辅的组合型国际航空枢纽港，上海发达的信息交通网络的最终形成，为会展旅游业提供了快捷准确的信息沟通渠道和多层次立体的交通联运体系。上海市已形成的完善的水陆空三位一体的立体化交通体系大大提高了国内外会展旅游者的可达性，尤其是对现代科学技术的运用,进行通信基础设施的全面建设、宽带信息网络的全覆盖,实现了信息资源的数字化、信息服务的网络化,大大提高了会展旅游的吸引力。

2. 经济支撑有力,会展类型集中

从经济发展的角度来看,上海是我国重要的经济技术信息中心和最大的商业中心,其经济基础雄厚,并且经济处于持续发展的态势。发达的经济不仅为开展会展旅游活动提供了强有力的物质保障,经济交流活动的开展也为会展旅游提供了更多的机会和发展空间。上海在 2021 年已经实现人均GDP 2.69 万美元,达到了世界中等发达国家水平。上海作为有名的特大型城市,具有国际化程度高、人流集中、物流集中、市场消费潜力大等特点。海外生产商和经销商看重上海地处经济发达的长江三角洲地区,市场消费具有很强的宣传和示范带动作用,因此纷纷落户这里。作为众多沿海城市中具有最高城市地位的上海,其发展潜力不可限量。

由于上海的大型企业和高新技术企业比较集中,所以其会展旅游业具有明显的行业集中度,在当地举行的会议和展览中有 60% 会高度集中在某些领域,其中传统领域包括建筑、房产、装潢等,高新技术领域包括化工、能源、环保等。上海的会展旅游发展战略明确,密切结合本地产业结构的特点、居民消费的热点以及消费水平,一切从实际出发,形成了以文化教育类、工业制造类和居民消费类为特色的会展产业主体。

3. 会展设施完备,会展管理领先

目前上海的会展场馆有国家会展中心、上海新国际博览中心、上海国际展览中心、上海东亚展览馆、上海展览中心、上海国际会议中心、上海光大会展中心、上海国际农业展览馆、上海世贸商城、上海金茂君悦大酒店、上海浦东展览馆、上海世博园区、上海图书馆、上海美术馆、滨江大道、上海汽车会展中心等。从会展旅游相关行业的支持来看,与开展会展旅游活动密切相关的餐饮、住宿、娱乐、购物等产业在上海起步早、发展水平高,对会展旅游的支持作用十分显著。

会展管理水平是一个综合评价要素,它包括政府对当地会展旅游业的重视程度、行业管理体制、管理水准、当地会展行业协会职能发挥等多方面进行评估。近年来,上海会展旅游方面的业绩在全国一直都名列前茅,相对于国内其他一线会展旅游城市而言,其管理业绩远远领先。经过前期的积累,自 2001 年上海成功举办亚太经济合作组织(Asia‐Pacific Economic Cooperation,APEC)会议以来,上海会展业飞速发展,年交易额达到 550 亿元,会展直接收入达到 18 亿元,占全国总量的 45%,跃居我国会展旅游城市第一位。

另外,上海也是我国最早成立地方性会展行业协会的城市。上海市会展行业协会(Shanghai Convention Exhibition Industries Association,SCEIA)成立于 2002 年 4 月,是由当地从事会议、展览及相关业务的企事业单位自愿组成的跨部门、跨所有制、非营利性的行业性社会团体法人,是具有广泛代表性的新型行业协会。上海市会展行业协会自成立以来,对当地会展旅游的健康发展起到了一定的引导和指导作用。

4. 政府高度重视,政策优势明显

上海市政府对会展旅游产业的发展高度重视,通过各项政策措施和法规保障,致力于为上海会展旅游业的健康发展保驾护航,创造一个相对宽松的市场环境。2021 年,上海市人民政府印发《上海市国民经济和社会发展第十四个五年规划和二〇三五年远景目标纲要》。2022 年,上海市商务委员会印发 2022 年度上海市商务高质量发展专项资金(会展业纾困)申报指南。2023 年,上海市商务委员会印发《上海市推进跨境电商高质量发展行动方案(2023—2025 年)》和《上海市推动会展经济高质量发展 打造国际会展之都三年行动方案(2023—2025 年)》,推出五个方面 20 项措施推动会展经济高质量发展。会展旅游政策的出台,为今后会展业的发展提供了借鉴,上海市会展业在上述政策的指引下,势必带动上海为发展会展业提供的政策导向、市场规范、行业监督等政策优势。

5. 重大会展事件,产生后续效应

众多跨国集团、知名企业纷纷落户上海,给上海带来了许多国际性会议,包括国际政府间会议、国际社团会议、跨国公司会议。以上海浦东区为例,财富论坛(1999 年)、APEC 系列会议(2001 年)、亚洲银行会(2002 年)等会议的成功举办,使上海浦东区的会展业迅猛发展,带动了上海旅游业的腾飞。

作为国际金融、经济、物流中心的"东方明珠",全球排名前 100 位的企业半数以上都在上海设有分支机构,所以一些全球性的经济会议也经常在上海召开。例如,财富 500 强论坛、上海工博会、APEC 会议、环太平洋论坛年会、亚太法官会议、国际引航员大会、世界博览会等多个高层次国际性会议先后在上海成功举办,使上海满获赞誉,赢得了良好的国际口碑。特别是 2010 年世界博览会的圆满召开和 2013 年中国自由贸易试验区的挂牌,使上海的经济、文化、科技发展又迈上一个新高度。上海目前每年举办国际性会展的数量已经接近世界会展旅游发达国家——德国。

(二)北京会展旅游发展经验

首都北京是我国的政治、经济、文化和国际交往中心,所以我国的最高行政管理机关、各国大使馆、国际机构驻华办事处、大型国有企业总部、跨国集团的中国总部等机构纷纷落户于此。有了这样的背景,北京便成为我国举办各类会议最为集中的地区。自改革开放以来,北京多次举办各种类型的国内国际重大会展活动。2008 年北京奥运会等一些具有世界影响力的大型国际会议的成功举办,不仅使北京满获赞誉,也让中国获得了世界各地的广泛称赞,这标志着北京的会展设施和会议接待能力已经达到国际先进水平。北京会展旅游的经验很丰富,在基础条件、政策支持、会展旅游产业体系、知名度和影响力等方面具有得天独厚的竞争优势。

1. 基础条件良好

基础条件包括区位、交通、经济水平、文化水平、硬件设施等多个方面。北京的区位条件好,有便利的交通,现有展馆等基础设施完备,并且为了适应市场的需求变化,北京不断地完善展馆建设。此外,北京市会展会议厅内配有全同声传译、电影机投影、电视等,能够满足举行会议、商务谈判、新闻发布以及文艺演出等的多种需要。北京在会展硬件设施方面也较为完善,作为我国的文化、国际交往和科技创新中心,北京建有中国农业展览馆、北京民族文化宫展览馆、北京国际展览中心、中国科学技术馆等多座高品质展馆。总体来看,北京的特色展览场所和丰富的展览设施支持了其会展旅游的发展。北京拥有丰富的自然景观和独特的人文旅游资源,旅游接待业发达。故宫、长城、皇陵、伟人故居、四合院民居、京派文化等旅游元素可以作为会展旅游者的多种观光选择。北京发达的旅游业和快速发展的会展业是相互促进、共同发展的。

此外,特别值得一提的是,北京在会展业相关的外部产业支持和相关环境因素支持两个方面在全国排名第一,其中会展业相关的外部产业支持一项遥遥领先于第二名和第三名。这些都得益于北京独特的政治区位和良好的城市基础设施建设。

2. 政府高度重视

在政策方面,北京市政府非常重视会展业对产业发展的引领作用,大力支持北京市会展旅游业的发展,在《北京城市总体规划(2004—2020 年)》中,明确提出将展览业作为北京市的重点扶持产业,致力于将北京打造成最具影响力的国际会展城市;"十二五"期间出台的《中共北京市委关于制定北京市国民经济和社会发展第十二个五年规划的建议》强调会展旅游产业的重要性,明确将北京建设成亚洲会展之都、中国会展行业引领者的目标;"十三五"期间通过的《北京市"十三五"时期展览业发展规划》,提出要加速推动北京市现代展览业平台的建设,通过培育高端的品牌展会,促进北京会展业的专业化、国际化发展。目前,北京市政府正在密切地与中国贸促会磋商,希望进一步加强合作,打造中国国际会展城项目。此外,北京市政府还发挥宏观调控作用,促进北京高端旅游与会议联盟的建设,推动会展旅游行业的交流。由此可以看出,北京会展旅游的高速发展得益于北京市政府的持续性政策支持。

3. 产业体系形成

在会展旅游产业体系方面,北京作为一座历史文化古都,旅游资源丰富,发达的旅游业为会展旅游的发展提供了更为广阔的发展空间,扩大了客源市场,使会展和旅游实现了较好的融合;另外,通过多年会展旅游活动举办的经验,北京已逐步形成了自己的会展旅游服务体系,我国多家会展旅游公司,比如中青旅(北京)国际会议展览有限公司、信诺传播等的总部都设在北京,为北京市会展旅游的高质量发展提供保障。

在知名度和影响力方面,通过多年的发展,北京会展活动逐步走向世界,在世界范围内享有盛名,其中多个项目比如中国国际信息通信展览会、中国国际石油石化技术装备展览会等获得了 UFI 认证,极大提高了北京会展旅游知名度,与此同时,包括第九届中国北京国际文化创意产业博览会在内的多项国际性展览落户北京,北京举办大型会展的能力获得了国际认可,知名度高、影响力大,反过来推动着北京会展旅游的发展。由北京市政府相关部门发起并主导的京交会、旅游博览会、科技产业博览会、文化创意产业博览会等一系列北京特色的展会项目品牌,通过政府的引导和市场化运作,对引领产业结构调整起到了积极的促进作用。

4.产业集聚效应

北京的会展专业场馆除了新建的大型场馆外基本位于郊区。北京市会议活动比较集中的中心城区是朝阳区、海淀区、东城区以及西城区。这四个城区为北京市核心的中部偏北地区,该区域内的饭店数量较多,接待水平较高,资源共享,每年接待会议的数量超过了北京会议接待数量的58.8%。在会展场馆及周边接待设施的带动下,这几个区周边会展旅游服务企业发展很快,四个城区会展旅游服务单位数量占了总量的83.6%,实现了会展旅游收入占比91.9%。朝阳区、海淀区、东城区以及西城区作为北京会展旅游活动比较集中的区域,已经形成了产业集群,带动了周边相关产业的快速发展,产生了良好的联动效应。

(三)广州会展旅游发展经验

广东省作为我国改革开放的前沿阵地,对外交流起步时间早,而作为广东省的省会广州,是我国会展旅游业的先行地区,自改革开放以来,广州的会展旅游规模不断扩大。经过多年的积累,如今形成了会展旅游规模不断扩大、会展行业分布越来越广、发展环境不断优化的特点。在广州会展旅游发展过程中,优越的区位条件、完善的硬件资源、政策支持以及品牌、口碑效应的推动作用显著。

1.区位条件得天独厚

从区位条件来看,广州是广东省的省会,被誉为我国的南大门,毗邻港澳,处于最具活力的珠三角经济圈的核心位置,是我国最主要的陆路入境口岸、航空港和海运入境口岸,地理位置和区位条件优越,是我国南方人流、物流、资金流、信息流流量最大的地区,其区域经济带动作用显著。优越的区位优势,让广州成为开展会展旅游活动的热门地,给会展旅游业带来了很大的发展空间。作为广东省的经济、政治和文化中心,珠江三角洲的区域中心城市,广州除了拥有得天独厚的贸易中枢港口资源,还拥有便捷的陆海空交通运输体系,其贸易可以辐射我国华南地区、港澳台地区,以及全球多个国家和地区。良好的区位条件和会展旅游业之间是相互带动、相互促进的。城市可进入性和配套交通条件越好,越能带动当地旅游会展业的飞速发展。

2. 城市综合实力较强

作为"侨乡"的广州,是海上丝绸之路的起点之一,自古以来都是我国重要的贸易口岸。广州有着丰富的原赋旅游资源、深厚的多元文化、良好的城市生态环境,流动人口多,包容性强,有着浓厚的城市商业氛围以及敏锐的触觉,可以第一时间获取来自世界各地的经济文化和科技信息,这些都是构成广州国际知名会展城市的诸多要素。

广州作为我国的国家中心城市,其城市综合实力名列全国前茅。广州近年来除了经济持续高速发展,也特别重视城市环境的打造,在打造更符合人居的城市环境方面取得了明显的成果,市民的综合素质也不断提升,这些对于会展旅游的可持续健康发展都起到了积极的促进作用。

3. 会展场馆建设领先

从硬件资源来看,首先在基础设施方面,广州交通发达,广州白云机场是我国三大国际航空港之一,航线众多,铁路网密集,市内交通方便,可达性强。在配套设施方面,广州会展展馆资源丰富,目前拥有的会展展馆包括中国进出口商品交易会展馆、广州锦汉展览中心、保利世贸博览馆、广州国际会议展览中心(琶洲展馆)、广州国际采购(展览)中心、广州(新)体育馆、保利国际广场、广州白云国际会议中心、中洲国际商务展示中心(琶洲)、嘉逸皇冠酒店、亚洲国际家具材料交易中心以及广东东宝展览中心等。其中有亚洲最大的会展中心——广州国际会议展览中心(琶洲展馆)。2023年11月9日,广州空港中央商务区暨广州空港博览中心(二期)项目开工活动顺利举行,标志着项目进入工程建设实质阶段。该项目将打造集高端会议会展、总部办公、酒店购物等于一体的超大型会展商务综合体,计划于2025年全面建成。广州空港中央商务区及广州空港博览中心项目位于广州空港经济区核心区域,北邻广州白云国际机场,西邻高增地铁站,与TI、T2、T3航站楼站前商务区共同构成了临空国际商务门户的"U港"。项目总投资约160亿元,用地面积约66万平方米,总建筑面积约146万平方米,包含广州空港博览中心和中央商务区。

4. 会展类型高度集中

从品牌建立和口碑宣传来看,广州拥有被誉为"中国第一展"的中国进出口商品交易会(简称广交会)。广交会自 1957 年成立以来,作为国内外贸易商洽谈的领先平台,以高交易额在国际上享有盛誉。作为中国乃至世界的加工制造中心,广州的会展旅游发展与当地社会经济的发展密切相关,统计发现,近年来在广州举办的展会类型主要有消费品、轻工业产品、电子元配件等。此外,广州还培育了包括家具展、照明展、美博会在内的一批世界闻名的品牌展会,极大促进了广州经济的发展,广州也因此被称为中国南方的"会展之都"。

5. 政府重视政策支持

从政策方面来看,广州市政府大力推动当地会展旅游的发展。2004 年,广州市政府将会展业纳入为广州四大经济支柱产业,同时列入"十一五"发展纲要,目标是把广州建成亚洲主要会展城市,建成国际会展中心城市。2008 年广州市地税局出台新规,规定广州会展业务按"服务业—代理业"税目征收营业税,实行差额征收并且办展单位支付的场地租金、展位搭建费、广告费、交通费和食宿费都不计入纳税范围,极大地降低了会展公司的税负压力,提高了会展公司举办活动的积极性并有效吸引外部优秀会展公司的加入,有效提高了会展质量;另外,还通过国外展品免交保证金的政策,吸引国外展商参展,促进会展产品多样化。2009 年,广州市政府出台的《扶持会展业发展的若干意见》中提出对举办国际会展的单位予以政府补贴,极大提高了会展企业的积极性。2015 年,广州市政府颁布实施了《关于广州会展业管理的意见》和《广州市会展行业规范》。同年,广州海关也制定了支持会展旅游发展的《广州海关促进广州地区国际会展业发展的八项服务措施》。广州市政府高度重视当地会展旅游的发展,通过政策措施扶持和规范会展旅游的健康发展。通过不断发展,广州会展旅游的行业知名度高,连续三年荣膺"中国最具活力会展城市"称号,与北京、上海一起构成中国三大会展城市。

二、对其他城市会展旅游发展的启示

通过对我国一线会展旅游城市发展过程中成功经验的剖析和总结,我们发现,作为我国发达会展旅游城市的上海、北京和广州,虽然其发展历程都各具特色,但是也有很多共同的成功经验可供我们参考借鉴。国内一些城市,在某些基础条件方面与这三座城市有着不同程度的相似,所以,我们希望可以从上海、北京、广州三城会展旅游业的发展历程中得到启发,少走弯路。

(一)地方政府大力支持

纵观我国发达城市的会展旅游成功经验,无一例外都离不开地方政府的大力支持。从排名前三的会展旅游城市发展中,我们看到除了国家政策的支持外,地方政府也通过出台相应法律法规保护会展业利益,通过减税、政府补贴等多种举措降低会展旅游企业的负担,从而有效提高会展旅游企业的工作积极性,有效保障会展旅游业高质量和高速发展。

(二)会展硬件设施完备

我国发达城市会展旅游的高质量发展都是以完善的硬件资源、基础设施作为保障的。我们可以看到上海、北京、广州三地发展会展旅游时从基础设施和会展设施两方面都做出了努力:一方面建设了完备的交通运输、通信网络,提高了地区的可进入性,保证会展旅游者能有效进入;另一方面加大了对展馆、馆内设施的投资,保证了合适的容量,其中某些展馆在亚洲乃至全球都是顶尖的。

(三)会展旅游产业融合

我国发达城市会展业的发展都离不开相关行业尤其是旅游业的大力支持,上海、北京和广州就是通过多种手段促进了会展业与旅游业的有效融合发展,从而增强了当地会展业对会展旅游者的吸引力。

(四) 集中发展优势品牌

我国发达城市会展旅游业的高速发展无一例外都与其品牌的高知名度相关,会展旅游发展与当地社会经济的发展密切相关。可以从分析资料中看出上海、北京、广州分别结合自身的资源优势、区位优势、经济发展优势,建设了符合当地社会经济文化特色的品牌会展,塑造了享誉国内外的知名度,有效促进了会展旅游专业化、规模化的发展,成功吸引了会展旅游组织者和会展旅游者。

第二章　会展旅游策划

第一节　会展旅游目的地形象策划

会展旅游目的地形象就是该地在人们心目中形成的总体印象,是由若干要素构成的有机整体。会展旅游目的地形象能够影响人们是否前来该地参加会展活动。

一、会展旅游目的地形象构成要素

会展旅游目的地形象是在各个构成要素有机综合的基础上形成的,各个要素相互作用才能成为会展旅游目的地形象的整体表现,形象的整体表现又会对各个要素的发展产生影响。城市会展形象的构成要素分为核心要素和基础要素两部分。核心要素是该城市会展形象的重要组成部分,基础要素是该城市会展形象的基础组成部分,两个方面是相辅相成的。基础要素的完善,能够为核心要素提供支持和保障,使核心要素表现得更加明显;核心要素的不断提升又会相应地促进基础要素的不断改进和提高。

在这个构成体系中,核心要素包括会展场馆、会展行业协会、会展企业、会展人才、会展服务和会展营销手段;基础要素则包括城市设施、政府的支持与服务、城市精神、城市经济水平、城市支柱产业以及旅游资源。

二、会展旅游目的地形象定位

世界上许多著名城市是伴随着会展业的同步发展而闻名于世的,如英国的伦敦、伯明翰,法国的巴黎,德国的汉诺威、多塞尔多夫、莱比锡,意大利的米兰等大型城市,都因大型展览会或国际博览会的巨大影响而提高了城市的国际知名度。每一个会展名城在其成长过程中都有自己鲜明的会展旅游目的地形象。

(一)形象定位以要素和市场为基础

这里的要素是指目的地形象要素构成中的核心要素和基础要素。核心要素方面主要是指拥有举办会展的直接前提条件,实际上就是会展业发展的直接相关因素。基础要素则是目的地会展发展的宏观支持因素,是会展旅游目的地形象的基础组成部分。其中的支柱产业更是决定了该地会展发展主体的内容和主题。

会议有时会选择纯粹的旅游区,而大型的会展一般会选择在大都市举办。一般来说,大都市往往人口密集、高楼林立,古老与现代建筑交相辉映,高水准、高品位的博物馆与艺术馆精彩纷呈,有独树风格的城市广场,有舒适现代的星级宾馆,有丰富新潮的购物中心,有新锐时尚的影视音乐,有激情涌动的娱乐体育,有多姿多彩的夜生活,有便捷顺畅的交通、通信,有知书达理的市民,当然完备先进的会展场所更是不可或缺的核心要素。

这里主要谈旅游资源。对旅游资源的分析包括硬性资源分析和软性资源分析。硬性资源需分析旅游资源种类、数量,知名景点及数量,景点风格、气候、地形地貌特点,动植物种类及数量,珍禽异兽数量及种类,矿产资源种类及数量,宾馆饭店的数量档次,旅游企事业单位数量,服务业从业人员数量、收入、学历、性别、年龄,旅游网站数量、服务内容及模式等。软性资源需分析旅游目的地的历史悠久性,当地著名历史名人,高等院校数量,高科技企业数量与总产值,文化艺术团体种类及数量,传统活动的种类与数量,当然更重要的是目的地的文化底蕴。

每个目的地都有其独特鲜明的个性与魅力。纽约的繁华、巴黎的浪漫、伦敦的传统、罗马的艺术气质、瑞士的雪域风光、上海的怀旧,有特色的城市往往会有一个别称为其形象明确定位,比如"狮城""赌城""水乡""音乐之都""阳光之城"等。城市形象强调的是在浓郁的文化背景下彰显个性,以此作为宣传促销的卖点,化掌为拳,从而提升城市在各种申办竞争中的杀伤力。现代人崇尚注意力经济,一个充满独特形象魅力的城市首先具备的就是引人注目的第一印象,无论是源远流长的历史美名还是新近打造的当代新宠,在开始大张旗鼓地宣传其形象时,就为其成功奠定了一半的基础。因此城市形象的放大乘数效应是不容忽视的。

会展目的地形象策划可以借鉴区域旅游形象策划中的区域创新体系(regional innovation system,RIS)框架,将目的地作为一个整体,对其分别进行理念识别、文化识别、视觉识别、行为识别的策划。

理念识别系统(mind identity system,MIS)在 RIS 包含的四个子系统中扮演着重要的角色。理念识别系统策划的任务是提出目的地的核心理念,目的是构建目的地的知名度、信誉度和美誉度,是目的地形象策划的基础,正确的理念识别系统策划是保证后续研究能有的放矢的关键,核心理念就是在对前述各要素进行分析的基础上,提炼出最能代表本目的地的基本形象和独具特色的价值体系,它是目的地形象的灵魂,其恒久的生命力不会随着时间的变化而变化。文化识别系统(culture identity system,CIS)是目的地旅游形象策划的精髓,文化识别系统设计的主要任务是对目的地的文化系统进行整合,其目的是突出本目的地地方性的文化,增强目的地的形象感知,同时在旅游开发的过程中运用人类学的方法来保护本土文化。该系统主要包括民族文化与民俗文化两方面的内容。

视觉识别系统(visual identity system,VIS),是 RIS 策划具体化的、视觉化的传递形式和展开面。目的地旅游形象的视觉识别系统设计构成要素包括目的地形象标志系统(包括标志、标准色、标准字体)、目的地形象符号应用系统、会展场馆的视觉识别和活动型因素(如人与交通)的视觉识别规范等。

行为识别系统(behavioral identity system,BIS)是 RIS 策划的动态表现行为过程,在目的地旅游规划中,行为识别系统策划的重要性下降,目的地越大,其制度性的策划越宏观化。行为识别系统设计的主要任务是对目的地行业服务行为、会展企业管理行为、相关政府部门行为等能够体现目的地形象的媒介活动方面进行规范化和制度化。

(二)形象定位要准确

形象定位的最终表述往往以一句主题口号加以概括,要遵循的基本原则主要有优势集中原则、观念领先原则、个性专有原则、多重定位原则等。确定主题口号,并不是一件简单的事情。会展旅游目的地形象定位的主题和内容应围绕使目标人群了解区域或国家会展旅游目的地具有举办会展的有利条件、多种类极具吸引力的旅游资源,或推广内涵相对广泛一些的主题,如好客的人民、多元的文化、狂欢的激情等,这些主题可以在目标人群心目中引起相关的联想。

会展旅游目的地形象要充分体现个性。形象的个性是指一个旅游地区在形象方面有别于其他地区的高度概括的本质化特征,是区域自身语种特征在某一方面的聚焦与凸显。这种特征往往是透过文化的深层面折射出来的。它可以是历史的、自然的或社会的,也可以是经济的、政治的或民族的。比如,巴黎城市形象的个性定位就是时装之都,维也纳就是音乐之城,威尼斯就是水上乐园,香港就是购物天堂,瑞士就是钟表国,埃及就是金字塔。一个地区或城市的多种特征的聚焦和凸显是不以人的意志为转移的,也不是谁想聚焦什么和凸显什么就可随意决定的。它是历史遗留、自然所有、社会需求等多种因素沉淀的结果。我们要是把工业城市定为旅游城市,就会导致公众都去搞旅游开发,置工业于不顾,这是危险而错误的。现在国内许多城市因定位不准确,或因某种诱惑而移位,遭受的磨难、受到的教训太多;而像深圳"世纪新城,中华之窗"这样比较准确的形象定位为数不多。

形象定位的语言也要准确。比如,在开发海南省的时候,有人提出"把海南岛建设得像夏威夷一样",那就是说海南岛永远超越不了夏威夷;有人说"把万泉河变成南美的亚马孙河",也就是说万泉河目前不如亚马孙河;还有把博鳌亚洲论坛定位为"水城",这会让人联想到威尼斯水城,等于给别人做广告,这是得不偿失的宣传。

(三)会展旅游目的地形象推广

一般国际大型会议、地方协会年会或是企业产品推介展示等都会将目的地锁定大都市,至少也是较有知名度的城市。因此知名度成为吸引众多眼球的无形招牌,城市形象则是知名度、美誉度和提及率等数字信息所依附的载体,那么如何将会展旅游目的地的形象进行推广传播呢?

首先,会展目的地形象必须与地区特色相结合,突出地区优势,如青岛靠海,海洋资源丰富,据此优越条件,青岛市举办的"青岛海洋节"不仅吸引了大量的海内外游客参与其中,创造了可观的经济效益,而且强化了民众的海洋意识,展示了青岛的实力,塑造了良好的会展旅游品牌。

其次,要加强宣传,通过各种新闻媒体广泛传播。形象宣传要抓住表现时机。抓住良机,展现与推广旅游形象往往可取得事半功倍的效果。会展本身就是城市会展旅游目的地形象表现的最佳方式。形象往往是一种心理感知的抽象事物,而重要事件、节庆活动、体育盛事、娱乐演出、重大庆典等都可将其变成具象事物。例如,云南抓住世博会良机推出"万绿之宗,彩云之南"的形象定位。夜晚是城市之美和城市特色展现的另一时机,将世界著名建筑景观微缩一园的深圳"世界之窗"若没有夜晚广场上精彩的演出则很难传播"世界与您共欢乐"的形象,有湖、河、海等水滨线的城市更应加强夜晚的形象传播。

会展旅游目的地形象策划需要长期投入与持续运营,长远规划是其成功的另一个主要原因。新加坡展览与会展局每三年制订一个推广主题。1998—2000年的主题为"全球相聚新加坡",其主要内容包括:一是政府按照21世纪的需要加强会展的设施建设和服务;二是促使世界各地会展主办者来选择新加坡。同时其还制定了"2000年计划",鼓励与会者带爱人同来,并为其爱人安排了丰富的旅游活动。

会展专业部门应组织力量研究国内外举办过的各种会展的要求和特点,适时推出各种会展旅游项目,加强对会展旅游的调研和推销工作,以与城市结为友好城市为突破口,重点培育核心会展旅游市场。政府部门应致力于城市整体形象的宣传与推广,城市行政领导应充分重视并身体力行,宣传、促销城市会展旅游产品,去赢得一些有影响力的会展举办权。被誉为"会展旅游王国"的法国,如果举行招徕会展的促销性会议,那么促销主管也许就是市长。为了赢得会展主办权,市长会一直参与会展旅游促销活动。

第二节　会展旅游功能策划

与会展旅游目的地的宏观层次相对应,本书主要在单个会展的微观层次上探讨其旅游功能策划。在会展策划中应遵循的原则有市场导向原则、主题性原则、特色性原则、文化性原则、参与性原则、经济可行性原则等。

一、联欢——会展旅游功能策划的本质目标

从空间移动上来说,会展不同于旅游之处在于它不但是空间的移动,而且是一种特殊的移动形式——聚集。会展本质上也是具有享受(愉悦)导向的,相对于旅游追求个人的愉悦,作为一项集体性活动的会展则是一群人的愉悦,即强化了联欢的意味。会展的沟通本质是联欢的根本出发点和落脚点。

从社会文化的角度来看,会展活动实质上是不同文化背景人群之间的跨文化交流。会展活动让来自不同民族、不同地域、不同社会背景的人们在同一时间、同一地点最直接地进行交流,其文化交流的广度与深度都很高。因此,在会展旅游策划时要坚持文化交流的导向。在空间上,要考虑不同地区、不同国家之间文化的交流;在时间上,要注意不同时期文化的立体再现。通过文化交流达到"联欢"的本质目标。

会展的集中性派生出它的事件性,能够吸引众多新闻媒体,能够产生眼球效应,这是联欢形成的焦点效应。达成"联欢"目标的途径有很多,既可以通过广告传播、开幕式、会展布置、气氛营造等来造势联欢,又可以借助外部

资源(如旅游资源)和内部资源(如名人名事)等借势联欢,还可以通过确立鲜明主题、充分挖掘主题文化等来融势联欢。

二、挖掘主题文化——会展旅游功能策划的基本战略

(一)主题策划

会展应有鲜明的主题,没有主题的会展,是不能吸引观众的,会展市场也就无法获得拓展。"主题"原指文学、艺术作品中所表现的中心思想,它是作品思想内容的核心。会展主题是会展的精髓,是会展的指导思想、宗旨、目的、要求等最凝练的概括与表述,是贯穿于整个会展过程所反映的经济、政治、文化等社会生活内容的中心思想。它是会展的主办者传达给参展者和公众的一个明确的信息,同时也是社会了解展会的首要方面。

会展主题策划是策划会展主题,并围绕主题策划会展活动的过程,是一个对于会展的整体的策划过程,它贯穿于整个会展策划之中,统领着整个会展策划的创意、构成、方案、形象等各个要素,并把各种因素紧密地结合在一起。通过会展主题信息的传递,刺激并约束参与者的行为,使参与者能够依循策划者的信息去完成。

只有确立一个合适的主题,才能为在策划中提升会展的旅游性提供一个明确且丰富的空间。有时,一个鲜明新颖的主题本身就已经大大强化了该主题下会展的旅游性。

无论哪种特色的会展主题,其策划都应避免三种倾向:第一,同一化。会展主题与其他主题相似,使公众混淆不清。第二,扩散化。主题太多,多主题意味着没有主题。第三,共有化。策划主题没有鲜明性,同一主题有时为一个策划服务,有时为另一个策划服务。因此,一个策划必须有明确的主题,如果偏离了主题,就成为无目的的拼凑。

会展策划的整个过程都是从一个主题出发,并且所有的产品、场景和服务等都围绕这个主题,或者其至少应设有一个"主题道具"(例如,主题区或以主题为设计导向的一场活动等)。并且这些"主题道具"并非随意出现的,而是会展策划人员依据会展内容、产业特色和顾客的需求精心设计出来的。

对于一些旅游性较强的会展,主题策划应首先从整体的角度出发,把目的地所涉及的经济、文化、科技及社会各方面都纳入主题活动营销策划的框架之中,与会展目的地层次的旅游性策划相结合。

(二)文化战略

文化战略是旅游业发展的趋势,也是会展要提高自身旅游性的基本战略。只有采取文化战略,才能真正实现人们不同层次的享受(愉悦),强化会展活动的体验性,从而提高其旅游性。

本质上,任何文化都是一种价值取向,决定了人们所追求的目标,起到导向的作用。会展策划要想做到最佳选择、最佳组合、最佳创意、最佳效益的高度结合,就必须有文化战略来指导。

会展的策划者(企业)要通过文化建设,提高自身业务水平,满足顾客不断变化的需求,跟上社会整体(包括政治、法律等)的前进速度,保证自己的策划方案和社会之间不会出现裂痕,即使出现也会马上弥合。另外,对于策划、举办、经营会展的实体组织来说,即使各自的文化价值观不同,一旦有了共同的文化战略目标,大家就会相互协调、尽力配合,凝聚力更强。

文化的传承战略、系统化战略、整合战略及变异战略都可以用来指导会展的策划。文化的传承战略是集中继承和发扬本民族或本地域特色传统文化的战略,它以本民族或本地域的文化特色及传统的历史文化为优势,其战略内容必须充分挖掘历史文化的内涵与特点。文化的系统化战略是一种将多种文化系统化的战略,它以文化的多元性为优势。当有多种和多类文化存在,需要重新归类、组合并整治、提升,以崭新的面貌出现时,就需要采取文化的整合战略,但这不是简单地归类与组合,必须运用新的理念和新的模式加以合并创新。当雷同很多,不能相互合作协调时,就需要整合;或是虽不雷同,但资源少、力量薄弱、规模小、分布散,不能形成"拳头产品",也不能产生规模效应时,往往要运用文化的整合战略来加以重新组合,并将其提升。文化的变异战略,是文化移入后对原有文化的变革,是跨文化传播后引起的文化变异与融合,是一种文化的变革战略。当一种文化特质无法顺利发展时,必须采取跨文化传播的方式来推动发展。

(三)主题文化开发

只有将主题概念进一步提炼、升华为形象化、情节化甚至戏剧化的内容,才能对参会者产生足够的吸引力和感染力,从而提高会展的旅游性。会展主题文化开发的形成多种多样,而创新求异是最根本的选择。只有采用新的视角、新的创意、新的表现,才能做到出奇制胜。在实际设计策划的过程中一般采取选择、突破、重构三种方法。

第一,选择。选择是对事物本质和非本质的鉴别,即对事物特点、亮点的发现,对其中不必要部分的舍弃。例如,展览门票的设计、印刷和制作方式有多种:简单的单色(彩色)纸单色(套色)印刷、铜版纸彩色印刷、美术摄影作品进入门票、烫金、烫银、过塑、激光图案;各种几何形状、联票、套票、凹凸纹图案;书签形式、邮票形式、金卡形式;条形码、磁卡、电子卡等。如何进行创新选择,就要求展览门票的设计者在不同的门票上体现展览会的不同风格与特色。在展览会门票的内容设计方面,除了必须包含的五大要素(展览会名称、举办时间、举办地点、主办单位及价值)外,还必须考虑是否公布组委会的联系方式(如电话、传真、电子邮箱、网址等),是否设计观众信息栏,如何印展览会标志。若是国际展,不仅要求门票有中英文对照,而且设计人员还必须考虑个别国家和地区、宗教和种族对某些色彩与图案的禁忌。至于门票背面,是用来刊登广告还是做展会介绍、参观须知、展览预告、导览图等都需要进行选择。一张小小的门票,可以反映会展主题文化的内涵,是设计水平艺术性的体现,也是信息化、现代化、国际化的体现。

第二,突破。突破是创造性思维的根本手段。会展策划是否新颖独特,要看是否对常规有所突破。突破主要包括两个方面:一是传统思维方式的突破;二是表现方法的突破。例如,北京润得展览有限公司为增强企业文化内涵、打造企业品牌,提出了中国会展文化四字真经"文行忠信"的理念,其核心是视客户为亲朋,不计一时得失,但求宏图共展,创意策划前卫,运作快捷现代,质量一流。创新型的会展策划理念给该公司的发展带来了勃勃生机。

第三,重构。重新构建是会展策划中的一种基本方式,它通过不断构建或寻找设计环境以及设计元素之间的关系,重新组合、重新设计,从而创造出新的构思、新的意向。现代会展策划不断趋于专业化、国际化和科技化,很多展会已成为主要的国际盛事,一些会展的主办者不惜重金创新设计来扩大影响。瑞士日内瓦的国际电讯展示会,主办方为吸引买家的目光,耗资9亿美元力邀国际顶尖设计师领衔布展。利用高科技手段展示公司产品。展会现场采用复式结构,设有用于面谈的高级会议间和休息厅,与会者可通过电梯与扶梯自由进出,大手笔的策划使得该展会的设计成为经典之作。

近年来,为创品牌展会,会展的策划者纷纷采取整合营销策略对会展设计进行立体策划,大到设计理念的制定,小到安排展台清洁工以及展位维护的细节处理,都作为一个整体来考虑。

三、增强体验性——会展旅游功能策划的关键

体验是当一个人情绪、体力、智力、精神到达某一特定状态在他的意识中产生美好的感觉,这一特定状态是可以被引导的。增强会展的体验性,使会展成为参展者可以享受的一种生活方式,从而提高会展的旅游性,这是会展旅游功能策划的关键。

精心策划的展会能为参展者带来一种"体验",也就是给其一种心灵的震撼,带给参观者快乐,体验到一种前来参观之前不曾体验到的东西。"体验"是有价值的,人们花钱旅游、看文艺演出、参观博物馆等,都是在寻求一种"体验"。体验价值的开发是目前商业性展览所缺少的,然而这正是从普通会展到品牌会展,从基础价值到附加价值转化的一个关键。能给参观者带来好的体验的会展必定有鲜明的主题、独特的风格,能够激发参观者从感官到情绪再到思考,最终形成行动。

如果展会更具特色,使参观展览会的经历更有趣、更激动人心,就能够给参观者带来强烈的体验,就会在参观者心灵上形成一种"极化""磁化"作用,这种作用足够强烈,就可能固化为一种"观念"。而一个会展能够倡导、传播一种"观念",就有了自己的"灵魂",就能够很大程度上左右参观者的消费行为,在消费市场上可能引爆流行,在生产资料市场上可能引起生产方式的"革命",这是因为消费观念是巨大的消费动力。

在现代会展中,当一个展会办到极致的时候,会展旅游者参加展会如同步入高雅的殿堂。这里没有吵嚷的人群,没有专盯展台礼品的闲散人员,有

的是精致的展台设计,有的是参展商与会展旅游者和谐而有序的交流,地域和民族性的文化传统表现得淋漓尽致。我们来看法国巴黎国际运输与物流展的文化氛围。

法国巴黎国际运输与物流展最大的特点是美观、秩序、和谐。美观主要是指展台的设计与布置。展会中几乎没有重复的特装展台,即使是标准展位也绝不敷衍了事,声光电灿烂效果自不必说,就是常青树、绿藤蔓、公司椅也可进入展位,与展示内容浑然一体。秩序指的是有人气却不嘈杂。数万平方米展会,一张张有颜色区分的指示牌,令会展旅游者自有目标,来去便捷。有效会展旅游者全部经过筛选,分送参观票;不请自来的会展旅游者,应花钱购票入场。因此到处可见的是清静中的繁忙。和谐说的就是参展者的亲和力。没有满堂灌式的信息压迫,而是寓"教"于乐。展位个个是社交聚会的场所,案上摆的是可供参展者自由选用的美酒和咖啡,还有各色点心,最普通的也要有糖果和饮用水,加上吧台与圆椅,让参观者体会到身处酒吧的感觉。在宾主举杯对饮之中,拉近了人们之间的距离。

展会发展到一定阶段,虽说本质上还是推广产品与服务,但由于会展策划者的精心立体策划,使会展提升了高度,宾主之间在全新的体验中不知不觉实现了各自的理想目标,这是会展策划的文化维度。在会展策划中渗透文化因素是增强体验性的必然要求。

此外,还可以像旅游体验中指导旅游者一样培训参展商。通常参展商在展会上表现得并不是很好,因为在展览会上的销售不同于面对面的销售,参展商不知道如何充分利用这一媒介,从而给买卖双方间的沟通造成了一定程度的困难。适时地推出参展商培训研讨会计划,不仅能增强参展商的体验性,还能提高其对展会的信心。培训会展旅游者,则可以使会展旅游者在参展前做好计划,更好地在会展活动中实现自己的目标,同时也增强了会展旅游者的体验感。

四、以人为本——会展旅游功能策划的基石

现代营销理论认为,成功的营销应该是一切以消费者为中心,起于消费者的需求,终于消费者的满足。在 4C 理论中,"消费者请注意"已经被"请注

意消费者"所取代。

在会展策划中,以人为本就是要为参展者提供周到、满意甚至超出预期的服务,只有这样才能实现参展者在会展活动中的享受性,达到会展旅游功能中"联欢"的目的。

(一)服务能力

作为第三产业的一分子,优质的服务是会展业发展的前提和基础。首先是会展服务的综合能力。接待会展群体的核心是会议设施的建设,如各类会议室、展览厅、新闻信息中心、酒会场所等,并对原有的住宿、餐饮、娱乐等设施加以完善,以及提供合意得体的会场内外服务。与旅游业一样,会展业与其他行业跨国公司"全球生产,地方营销"相反,其制作模式更像"地方生产,全球营销",因此,追求服务的地方特色是关键。同一地方竞争激烈的几家会议酒店的优劣有时仅仅存在于是否有独具特色的餐饮风格,因此整体服务能力的水平与局部细节的处理息息相关。

使客户便利地获得其产品和服务则是会展旅游功能策划的另一个重要环节。如果会展旅游企业提供的会展产品和服务,最终不能让会展旅游者便利、轻松地享受到,那么产品和服务设计得再好,也不可能很好地实现整合营销的终极目标。

为此,会展企业需要特别注重从以下几个方面加强便利性:

(1)快速便捷的物流服务。会展旅游企业在会展旅游者参加展览、出席会议的有限时间内,要研究、组织、协调、解决他们可能遇到的任何物流方面的问题,为他们提供专业、一流的物流服务,最大限度地为参展者和与会者免除后顾之忧。

(2)及时高效的会务展览服务。会展旅游企业应该联合众多专业服务机构为与会者、参展者提供一站式、一条龙的会务展览服务,为他们搭建良好的洽谈平台,积极帮助、促成会展旅游者商业活动获得成功。

(3)细致周到的生活服务。会展旅游企业通过设立电子商务中心、直接服务台和电话服务台等,为会展旅游者提供推荐和预订酒店、组织和安排旅游考察线路等吃、住、行、游、购、娱各方面的多样化的服务,实现服务内容规范化、服务方式人性化、服务网络集群化,真正地让会展旅游者获得宾至如归的感觉。

会展主办者应强化现代营销理念,牢固树立客户至上的观念,加强展前、展中、展后的服务工作,以优质的服务赢得参展者的信任,为此应努力做到:

(1)会展前要加强对参展效果的调研,及时发布来展、出展信息,引导企业的参展活动,避免企业盲目参展、办展,为参展者及广告客户提供广告制作、说明书印制、展台搭建等服务工作;

(2)会展期间要帮助客户组织信息交流会、贸易洽谈会及行业技术研讨会等,为买卖双方创造商机;

(3)会展后要进行现场调查,询问参展者对展会的看法、意见,并把展览会总结材料提供给参展者,征求他们的意见,了解他们下一届继续参展的意愿及希望解决的问题。

(二)客户关系

好的客户关系是提供高质量服务的重要前提,客户关系管理目前已经是几乎所有行业都高度关注的内容。而对于会展业更加特殊的一点是:会展举办成功与否的关键某种程度上取决于参展者的数量和质量。疏通会展渠道,提高参展观众的数量和质量是增强会展竞争优势,推动会展市场发展的重要策略。会展主办者要想办法增加参展者的目标观众。展商参展主要是为了拓展销路和市场,如果观众少,质量不高,参展者没有取得参展效益,下次就不会再参展,长此下去,会展市场就会萎缩。而要增加目标观众,就必须制定渠道策略,建立高效畅通的会展渠道。

西方国家的展览公司都有固定的客户渠道,他们将众多的制造商、贸易商和批发商集中在一起,形成展览大超市,天天搞展示促销,吸引众多的专业采购人员前来看样品、下订单。例如,成立于1925年的国际展览联盟,就是世界展览行业的领军者,其成员遍布67个国家的140多个城市。因此,会展主办者应努力做到:

(1)建立客户资料信息库,及时了解广大客户的实际需求,在这方面,香港贸易发展局的做法值得借鉴,香港贸易发展局建立了世界一流的厂商资料库,根据不同专业将厂商分类。举办会展时,向相关厂商发出邀请,给获邀厂商送条码磁卡,凭卡入场,这样就大大提高了参展者的质量。

(2)加强同专业中介机构的联系。专业技术和经济咨询机构是围绕会展主办者,并为其提供全方位服务的社会系统。它能帮助会展市场调研,联络参展机构,评估参展产品、项目的质量、水平和技术含量,为组展做整体形象设计,策划多种形式的会展活动,开展广告宣传,代办客货运输及出入境手续,组织参展产品的交易和拍卖,以及提供有关经贸、会计、法律的咨询服务。

在宣传的时候要把精力集中于最有希望参展的观众,把重点放在曾参加过类似展览的观众上。还可以通过网上注册争取到更多的客户。在最后策划阶段时要把重点放在周边地区。调查表明,"9·11"事件之后多数观众更喜欢参加近距离的展览会(驱车只需花费1~3小时)。这时候要想方设法吸引更多的新成员加入,而不只是将范围局限于专业的观众。

(三)服务人才

会展市场的竞争,归根结底是人才的竞争。会展市场的发展需要大批高素质的专业人才。只有一流的人才才能创造一流的事业。对会展组织者来说,既要掌握熟练的外语,又要掌握如公关、广告、策划、礼仪、谈判等方面的知识和技能。随着互联网时代的到来,网上展览成为会展业的新亮点,人们可以借助互联网展示产品、交流信息、洽谈贸易、开展电子商务。作为一种虚拟展览,网上展览在发达国家方兴未艾,我国也必须紧跟世界会展业发展的潮流,大力开展网上展览,而这一切都需要高素质的专业人才。

然而,目前我国在这方面的人才十分缺乏,会展市场的从业人员大都来自各行各业,没有经过专门训练,缺乏系统的会展知识和相应的技能,从而严重制约着我国会展市场组织水平和服务质量的提高。因此,培养大批高素质的专业会展人才是推动会展市场发展的重要策略。

从近期看,可考虑:

(1)组织专门培训,提高会展组织人员的外语水平和经营管理技能;

(2)通过走出去、请进来等多种途径提高会展人员的业务水平。如可以邀请国内外著名的专家教授介绍会展组织、设计、建造及运输等方面的知识,提高会展人员的组织及管理水平等。

从长远看,应做到:

(1)尽快成立全国会展业管理协会,制订培训计划,编写教材,加强对会展行业人才培养的统一领导与管理;

(2)在高等院校开设有关展会的专业课程,培养社会急需的会展专业人才;

(3)推行持证上岗制度,完善考评机制,加强考核和监督,提高广大会展从业人员的专业水平。

作为会展服务的提供者要树立真心实意为参展者和观众服务的思想,满足他们对会展活动的合理要求。从会展场地的工作人员、会展的主办承办单位的工作人员到相关行业的服务人员,必须明确为参展者服务是会展活动的宗旨。会展活动不仅体现在当时的轰动效应,更应考虑到长远效应——参展者对会展活动的追想和对各种服务的回味,利于展会品牌的树立。

五、打造品牌——会展旅游功能策划的提升

品牌打造与会展旅游功能策划可以形成一种互为因果、良性循环的关系。优秀会展旅游功能策划才更有可能打造出美誉度高的品牌,而成功的会展品牌又因其越来越丰富的文化性可以促进会展更好地进行旅游功能策划。

(一)会展品牌的意义

会展经济从某种程度上来说是一种"规模经济",也是一种"品牌经济"。就会展城市而言,要根据城市的资源禀赋条件,发挥城市资源优势的重点,加速培育一批拥有品牌效应的展会和一批具有专业水准和竞争实力的会展公司;就展览项目而言,会展企业应集中优势资源,努力提高展会组织、策划、服务的水准和经营管理水平,不断进行展会活动的创新,争创名优品牌。一个品牌展会必须符合以下基本要求:

一是权威展览协会的强有力支持和行业代表企业的积极参与;

二是代表行业的发展方向;

三是具有现代化的展览设施和技术；

四是一流的专业化服务。

一个成功的展览就是按照已经设定的一套清晰的价值观念，成为某种生活方式的鉴定者和护卫者，通过会展及其多种相关活动和人们对所倡导的概念的理解，为广大参展者"制造"一个通用型的价值观念或者价值信仰平台，从而带来巨大的商业效果。名牌展览会如德国的汉诺威工业博览会和法兰克福(春、秋两届)国际博览会，都有自己突出的专业特色，其代表商品发展趋势，起到一定的导向作用。而且展会本身就代表一种价值和品牌，具有经济效益、社会性能和文化取向。

在欧洲等发达国家，大多数行业都有一两个占主导地位的会展品牌，如德国的科隆五金工具展览会，涵盖了整个欧洲五金工具生产制造和销售行业；纽伦堡的国际玩具展则是世界玩具最大的盛会；在汉诺威等地区举办的欧洲机床展不仅代表了整个欧洲的机床加工工业，也代表了世界机械行业的发展水平。会展的举办不在于多，而在于精，要形成高质量的核心展会，由此而扩大规模，低层次的重复举办必然造成行业内的无序竞争和资源浪费，也使国际参展者不知如何选择适合他们参展的项目。

(二)会展品牌打造

良好的品牌形象的形成，主要来自策划者的品牌设计和品牌设计完成以后与会展参与主体的沟通。这就要在充分挖掘主题文化的基础上，从品牌定位、品牌个性、品牌包装、品牌定价等方面进行。在品牌设计完成以后选择市场的切入点进行宣传、营销，依据参展主体各个阶段的不同需求，让不同的传播手段在各个阶段发挥出最佳作用。

规模化是品牌会展的一个明显特点。德国为什么成为世界上的会展大国，其主要原因就是世界上绝大多数大规模的展会都在德国举办，德国举办会展的规模一般都达到几万平方米，扩大展会的规模对吸引更多展商和观众有着积极作用。专业化、国际化是品牌会展的另一发展方向。随着市场经济的发展，市场分工会越来越细，从而要求企业生产更加具有特点与功能的产品来满足细分市场的要求，而且生产技术也要不断更新换代。因此，会展业要越来越专业化，以适应市场的变化。

开发会展业的相关产业,形成会展产业群,不仅仅是获取依附会展价值的附加价值,同时也是为打造会展品牌造势的最佳方式。会展产业群的形成,有利于使品牌会展形成众星拱月的局面,全面提高会展自身的价值,从而把会展办成影响消费观念、制造流行趋势、形成热点市场的强有力的市场营销工具。譬如法国每年按季举办国际时装展,就通过多种活动,向全球消费者推销时装的最新美学观念,制造和引导市场接受流行趋势。

(三) 会展品牌设计

会展产品多样,同质会展产品、类似会展产品越来越多,突出产品优点,甚至突出产品特点越来越难。信息传播手段、途径越来越多,参展主体面临的问题不是信息不畅,而是信息过量,其很难进行有效选择,因此要对会展品牌进行符号化设计。

所谓符号化设计,实际上是对会展进行人为的主题设计,对参展主体进行有意识的引导;是以统一的文化基调、差别化的个性塑造、人工强化的符号,有意识地对会展进行简洁化处理。具体手段有:

(1)简洁化

在信息元素多方刺激感官的条件下,人们追求简洁,而且只能接受简洁。因此通过简洁可以引导信息的传播。

(2)统一基调

会展统一的文化基调,是会展统一的风采和精神。统一可导致对游客的多次刺激,形成印象。

(3)树立差别

引入(企业识别系统)的策划方法、强化、塑造差别,并使之贯穿于会展的经营管理和服务的全过程。

会展的视觉形象以会展徽标、宣传口号以及标准字、标准色和象征图形(甚至吉祥物)为基础,设计并渗透在会展的宣传手册、广告媒体、会场布置、相关服务商品、员工制服等方面,使参展主体形成良好的综合印象,并加以口头传播,以达到行销传播的目的。例如,德国汉诺威通信和信息技术博览会的 CeBIT 标记已名扬世界。

（四）会展品牌推广

会展品牌推广离不开全方位的公关手段和多角度的宣传策略。品牌目标确立并设计完毕之后，就要对品牌加以推广。品牌推广实际上是品牌策划后的具体行动过程，品牌推广指综合运用广告、公关、媒介、名人、营销人员等多种要素，结合目标市场进行综合推广传播，以树立品牌形象。品牌推广是一个全面性的工作，应从品牌的各个相关因素着手。这方面可以多借鉴一些国外好的营销经验。如主动向新闻媒体发布信息、超前宣传、在进入城市的重要通道设置会展信息板和导向图、利用网络资源发布提供会展咨询和赠送纪念品、组合产品联合促销等手段。

选准目标市场，大力进行会展旅游的宣传促销。由于会展的综合性强、牵涉面广，只靠会展企业自身的实力难以在激烈的市场竞争中取胜，这特别需要政府方面的大力支持。国内会展旅游发达的城市也有类似的成功经验。积极加入各目的地的会展促销网络以获取会展信息，增强促销实效。德国会展旅游机构在全世界的办事机构达 390 个；而中国香港主要办展机构香港贸易发展局在全世界 50 个城市设立了办事处，如此庞大的国际化营销网络，大力促进了德国和中国香港会展旅游业的发展。

第二十三届中国北京国际科技产业博览会作为 2020 中关村论坛的展览板块，与中关村论坛共同聚焦"合作创新 共迎挑战"主题，面向世界科技前沿，聚焦关键核心技术和原始创新，整合优质资源，精心打造科技领域国际交流合作平台。主要活动包括综合活动、展览展示、推介交易、论坛会议、网上展示推介五大板块内容。其中，展览展示主展场设在中国国际展览中心（静安庄馆），展览面积 3 万平方米，设置 12 个专题展区。同期还举办 9 场推介交易、2 场论坛会议以及"走进科博会看北京"系列活动。联合国工发组织、世界工程组织联合会等 11 个国际组织和 800 余家中外科技企业参展参会。

第三节 会展延伸旅游策划

会展延伸旅游策划主要指活动策划,而活动策划的基本原则是要切合会展的主题,要与会展的主题相得益彰。会展旅游的活动策划有助于吸引目标受众,营造独特的会展氛围,让参展者享受会展过程,最终提高会展效果。

一、策划方法

策划需要从会展的客观实际出发,运用正确的方法,谋求低投入、高产出且可持续的策划方案。借鉴旅游开发策划的理论,会展策划中主要可以应用的方法有比较法、逆向思维法、调查研究法、移植法等。

比较法就是对类似旅游项目的优缺点进行深入的分析,取长补短,从而使活动项目具有比较显著的优势。在做会展活动策划时,我们首先想到的是自己过去做过的类似策划是什么样,别人做过的类似策划又是什么样,然后就会考虑如何取其长而避其短,如何在此基础上创新。

逆向思维法则强调创新,突出自己策划方案的与众不同,以达到吸引游客的目的。

调查研究法是最基本的、能够深入实际的方法,通过现场调查掌握策划所需要的第一手资料,并且在头脑中形成一个开发策划的基础模型,之后需要对资料进行深入的研究,通过分析最后确定策划方案。

移植法在实际的开发策划中是最常用的,就是照搬已经成功的方案。这些方法是旅游开发策划中的一些基本方法。但是,仅仅依靠这些定性或半定量的方法是不够的,我们需要把各个领域尤其是策划学、经济学等学科的一些好方法拿过来为会展策划的实际工作服务。

二、策划内容

会展旅游的活动策划,就是充分考虑人的需求和人的全面发展,在会展活动中运用 3E(entertainment 娱乐、exciting 兴奋、enterprising 冒险)原则,设计人们喜闻乐见的、更易产生互动的会展活动。会展的旅游性活动策划需与目的地的地缘文化、民风民俗有机结合,丰富人们的精神生活,符合现代会展"本土化+全球化"的趋势。

互动性是活动策划的魅力所在。碧海全国钓具秋季展销会上,钓具厂商成功的宣传、营销活动策划,促进了产品的销售,成功之处就在于前期进行了体验性较强的活动策划:活动现场人头攒动,气氛活跃,就连活动现场、会议室外面的走廊都站满了人,效果良好。活动策划成功的关键就在于双向互动,即让客户置身其中,理解与参与。他们通过设计主持人风趣的脱口秀,专家、技术人员对产品性能进行介绍,现场试用、现场抽奖等活动,聚集人气。三元钓饵还特别邀请专家将"实验室"搬到了活动现场,专家讲解饵料的成分、性能,邀请台下钓鱼人士上台实际察看饵料在池中的雾化情况、鱼的吃饵情况,他们把产品的信息串在这些生动的活动形式中间,通过口头和互动等多种形式,使大家更容易理解,使企业信息的传达更为丰富和准确。

一项成功的会展策划方案应该具有创新性,它既出人意料又在情理之中,这样才能新奇诱人,吸引观众。会展策划的创新性涉及形式的定位、空间的想象、材料的选择、构造的奇特、色彩的处理、方式的新颖等多个方面。

例如,在 2003 年上海国际车展中,上海通用汽车在发布别克中级车时,其发布的形式具有极大的创新意味,发布者设计了一出颇具特色的多媒体舞台剧,中央戏剧学院罗锦麟教授倾注激情,将一出话剧以多媒体的手法表现,让观众与主人公共同追寻实现汽车梦的经历……创新的设计策划理念将现代商业与舞台艺术全新结合,在物质与精神的交融中传达出对生活平凡而深沉的热爱,获得了极好的展示效果。

会展中由其事件性引发的眼球效应和由其集聚性吸引到的名人名事等,都应加以充分利用。展览中这些事物的存在本身就可以吸引更多的参加者,即使是旅游性较弱的会议洽谈(恰恰更是名人云集),也可以单独召开名人见面会等来提高其旅游性。

在会展中举办公益活动除了可以增强会展的旅游性,还可以充分引起各界关注,提高会展的美誉度。因此,在会展中可以充分利用参展商的资金优势进行赞助等各种公益性活动的策划。

此外,会展的品牌化发展给会展带来了附加值——认证价值。我们知道,"第三方认证"是市场经济中的一种通行的、重要的运行机制,是生产者与消费者之间的"见证人"。"第三方认证"行业的兴起,说明其需求是旺盛的。办得好的展览也可以发挥这种"认证"作用。或者说,会展具有了"认证"功能,许多商家在产品宣传中、产品包装上表示获得某某展览会金奖之类,正是这种"认证价值"的重要体现。在展会期间,组织各种比赛则可充分发挥会展的"认证价值"。

当然,还可以组织关于展位设计和搭装以及展台布置的比赛,关于展会参展展品的比赛以及其他关于展出内容的比赛,可以派生出许多相辅相成的公众活动。譬如,重庆的汽车摩托车精品展同时举办中国重庆摩托车越野锦标赛,切合主题又能吸引人气。再如,一个化妆品展览,可以派生出"星姐选举"之类的娱乐活动,形成娱乐品牌。这些活动同时也可以充分发挥会展业极强的关联性,开发会展相关产业群,提高会展的附加值。

第三章　会展旅游市场营销

第一节　我国会展旅游市场营销概述

在经济全球化的今天,我国的会展旅游业也正朝着国际化的方向发展,会展旅游业对于经济的拉动作用日益明显。著名经济学家萧灼基指出:在国外,会展旅游业对经济的拉动系数是 1.9。经济全球化的趋势表明,当今世界经济是以各国的相互依赖为主要特征的,企业面临着一个更大范围、更有潜力的市场和更多的竞争者,企业市场营销的复杂程度大大加深,这无疑给会展旅游营销提出了更大的挑战。

会展旅游的概念是在 20 世纪 90 年代作为一个新名词开始在国内媒体上出现的。会展旅游在国际上统称 MICE,是以会展为吸引力而引发的吃、住、行、游、购、娱等各种现象和关系的总和。会展旅游借助各种类型会展的举办,招徕各方客人来到会展举办地洽谈业务、交流沟通与旅游参观,为他们提供良好的吃、住、行、游、购、娱服务,刺激消费,从而为当地创造经济效益、社会效益和环境效益。

一、会展旅游市场概述

会展旅游市场的参与者主要分为会展旅游的主体、客体和介体。会展旅游的主体即会类和展类活动的旅游者,在构成上主要包括三个部分:一是政府、企业、科研机构、民间团体等组织派遣到一定目的地参加会展的人员;二是参与产品展示、经贸洽谈商务活动的专业人员;三是因会展类活动的进行而在特定时间被吸引到活动地的参观者。其中前两部分构成了会展旅游主体的核心部分。会展旅游的客体即会类、展类活动的旅游资源,包括场馆、会议和展览活动本身,以及会展旅游服务等。会展旅游的介体主要指为会类和展类活动的旅游者在会展旅游过程中提供各种服务的相关产业和部门,包括旅行社、饭店等相关旅游产业部门。

二、我国会展旅游营销概述

会展旅游营销是指研究如何在满足会展参加者的利益的基础上,刺激和调控参展者的需求,会展旅游营销是随着会展旅游业和服务营销的发展而逐步发展起来的。会展旅游营销是会展旅游主办单位和承办单位根据社会环境和企业条件,在一定的营销观念的指导下,对会展旅游项目和会展旅游服务的策划、设计、定价、招展、展后服务的计划和执行过程。

(一)我国会展旅游营销面临的问题

1. 营销理念问题

经济全球化要求企业在新的时代要有新的市场营销理念,而我国的会展旅游在营销过程中很少有新的营销理念。新的市场营销理念主要是以客户为中心的可持续发展的绿色营销、网络营销、关系营销、内部营销等。一些会展旅游企业的经营管理者以及员工的思想观念仍停留在传统的生产观念和推销观念上,片面追求会展项目、参展商和观众的数量,而忽略展会活动项目的多样性、服务的细致化和个性化。

2. 文化适应问题

经济全球化使企业面临跨文化的、差异化的国际环境,对于会展旅游业也不例外。中国企业在国际营销中大多仍以本国的文化体系作为参照标准,具体表现在两方面:一是缺乏对他国商务惯例和习俗的认同理解。在制定营销战略时,有些企业总认为对方有与自己相近的利益、动机和目的,从而招致对方不满和误解而失去商机。二是不了解他国的商业文化、管理理念和经营方式。在谈判签约时往往使本国企业处于被动地位,甚至签下一个对本国企业不利的合同。这些显然是不适应经济全球化发展的,要想在激烈的竞争中求得生存和发展,就必须适应全球的激烈竞争环境,其中当然也包括文化环境。

3. 品牌问题

经济全球化意味着经营的品牌化、市场竞争的名牌化,而中国企业缺乏的恰恰是品牌、品牌意识、品牌策划、品牌营销。我国会展旅游业在改革开放起后得到较快发展,目前我国区域性同题材的会展太多,品种单一,时间间隔短,使得许多厂商产生信息错觉,造成会展旅游公司促销资源的浪费。

4. 行业管理体制问题

众多会展旅游业发达国家的成功实践都已证明,要想在经济全球化进程中保持会展旅游业健康发展,完善的行业管理体制必不可少。目前我国的会展旅游业仍没有健全的法规及制度,没有一部全国性的、适合我国会展旅游业当前发展现状的具有法律效力或者行政约束力的法规出台。一些会展的组织者只对参展者收费而不对其资质和信誉进行审查。有些地方在办会展上一手包办,甚至把其当成"政绩工程"来办,好大喜功,华而不实,不仅没有发挥会展旅游经济应有的作用,反而浪费了大量的人力、财力、物力。另外,会展旅游是一项系统工程,可是目前由于利益的驱动,多头办会展旅游,行业之间缺乏自律及协调制度,在一个地区或一个城市的会展旅游业之间缺乏互相交流,这将不利于我国会展旅游业的整体发展。

(二)我国开展会展旅游营销的措施

1. 切实更新营销观念

任何改革首先来自观念的创新。市场营销学从 20 世纪初发展到今天,营销理论方法和技术手段都发生了巨大的变革,与此同时,会展旅游市场竞争也愈加激烈。因此,从政府主管部门或行业协会到每一个会展旅游企业,在我国会展旅游界必须树立新的营销观念。具体而言,主要体现在以下三个方面。

(1)在营销主体方面

以前业界一提到营销就认为只是办展企业的事情,而事实上会展旅游营销的主体包括政府、会展旅游企业、参展商、与会者甚至媒体。令人欣慰的是,这种落后的观念正在迅速发生改变。例如,目前国内政府部门和会展旅游界已经达成共识:会展旅游城市也应作为一个产品来经营和推广。显而易见,一座城市若加强与国际大会与会议协会(ICCA)等会议和展览组织的联系,势必能争取更多大型会展旅游活动的举办权。

(2)在营销对象方面

由于营销主体和营销目的不同,营销对象及工作重点也应随之变化。举一个非常典型的例子,以前大多数国内展览公司都认为营销的重点是参展商,而现在营销的重点正逐步倾向于专业观众或者说买家,这种观念的更新既反映了我国会展经理人经营水平的提高,也映射出国内会展旅游市场的日益成熟。随着我国会展旅游经济的进一步发展,城市营销、品牌营销、一对一营销等新的理念在会展旅游业中将得到更广泛的认同和应用。

(3)在营销手段方面

从1894年的德国莱比锡样品博览会开始,现代会展旅游业已经走过了100多个春秋,所使用的营销手段早已不限于传统的报刊和广播电视,大量的新技术被应用到会展旅游营销活动中来,使得营销竞争更加五彩纷呈。其中,最耀眼的当属网络技术的发展,互联网在会展旅游活动中被广泛运用,使得会展旅游经营中的定制化营销成为可能。此外,其他一些新的营销手段也不断涌现出来,如直接邮寄、电话销售、出租车广告、地铁广告等。近几年,随着会展旅游业内部竞争的加剧,国内会展公司在进一步拓展招商、招展渠道的同时,开始加倍重视最新营销理念及手段的运用。

2.争取相关组织支持

纵观世界会展旅游业的发展历史,德国、美国、法国、新加坡等会展旅游经济发达国家无一不积极争取国际专业组织的支持。国家、城市或会展旅游企业是否拥有相关权威性组织的认可和支持对于会展旅游业的发展至关重要。从会展旅游营销的角度来讲,相关组织一般包括以下四种类型。

（1）政府有关部门

从中国改革开放至今40多年的经济发展过程来看,任何一项产业在发展初期都离不开政府的扶持,会展旅游产业同样如此。

（2）各类驻外机构

从会展旅游企业可利用的资源角度看,这里的驻外机构主要指驻外使领馆、各种友好组织的国外联络处以及其他政府机构在国外设立的办事处等。从目前国内会展旅游业的整体水平来看,会展旅游企业对驻外机构的这些优势开发得还远远不够。

（3）行业协会或学会的海外组织

这里的行业组织主要包括两类:一类是国际性或区域性的专业协会,如国际大会与会议协会、国际博览会联盟(UFI)、国际展览管理协会(IAEM)等。能够得到这些权威性组织的指导和推荐,无疑会有效提高国内会展旅游企业的美誉度,增强会展的吸引力。另一类是某一个行业的协会,如世界旅游组织(UNWTO)、中国毛纺织行业协会(CWTA)、中国汽车工业协会(CAAM)、中国模具工业协会(CDMIA)等,若能得到这些机构的认可,会展主办单位除了能享受技术支持和行业资源优势外,还能够迅速提高会展的可信度。

（4）国际商业公司

对会展旅游企业尤其是会议或展会的主办单位而言,这里的国际商业公司主要包括实力雄厚的管理咨询公司、公关公司、市场调查公司和营销咨询公司等。国内会展旅游企业还应该熟悉国际惯例和法规,积极采取市场化的运作手段,充分发挥国际商业公司的作用。

3.完善行业管理体制

众多会展旅游业发达国家的成功实践都已证明,完善的行业管理体制是城市会展旅游业健康发展和整体促销的基础条件。由于行业多头管理、企业单纯利润导向等局限性,当前我国政府在组织会展旅游公司和旅游企业开展联合促销时存在很大障碍,更何况我国没有类似于法国专业展览会促进委员会的专业会展旅游管理机构来牵头。因而,无论是从遵照国际惯例的要求出发,还是从具体操作的角度来分析,我国都应在管理体制上采取具有前瞻性的模式。

4. 积极开展联合促销

许多国家的会议或展览业之所以能取得巨大成功,并在国际上享有盛誉,在很大程度上得益于高效、有力的整体促销活动。毕竟,开展联合促销活动既能塑造和推广地区会展旅游业的整体形象,又可有效组织分散的资金、人力和物力,集中力量宣传本地区优良的办展环境以及一批品牌会议或展览会。

5. 推进营销技术创新

21 世纪是一个创新的时代,任何事物都要接受新观念、新技术的洗礼。营销手段的创新是更新会展旅游营销理念的重要内容之一。从营销主体的角度,可以将营销技术创新分为两类,即会展旅游城市层面和会展旅游企业层面。

6. 提供专业化和个性化的会展旅游服务

专业化、个性化的会展旅游服务要求会展旅游企业的整个运作过程迅速高效、服务周到。从市场调研、主题方向、寻求合作、广告宣传、招展手段、观众组织、活动安排、现场气氛营造、会展旅游服务,甚至包括会展旅游企业对外文件、信函的格式化和标准化,都需具备较高的专业水平,同时要求从业人员具备严谨的处事态度。

7. 配合强势的媒体宣传

新闻媒体宣传是塑造品牌的一个重要手段。一个好的会展虽在行业内有一定的知名度,但频繁的新闻报道和适时的"炒作"更能促进会展宣传,以此形成良性互动,使会展旅游活动更具吸引力。

8. 坚持长期的品牌战略

培养一个品牌展会并不容易,必须有长远眼光,要敢于投资、敢于承担风险、精心呵护、耐心培育。会展旅游企业必须确立长远的品牌发展战略,从短期的价格竞争转向谋取附加值、谋取无形资产的长期竞争,用先进的品牌营销策略与品牌管理技术抢占会展旅游市场的制高点。

9. 利用网络营销

随着互联网的日益普及,它在扩大展览会影响和知名度方面发挥了越来越重要的作用。其一,你可以通过网络在世界范围内查找出相关专业会展信息及其网址,并想办法将你的会展内容链接到所有相关会展活动的网站上。其二,建立自己的会展网站,并将你的观众招揽计划放在上面。另外努力创造会展吸引点,如会展期间将主办的高层研讨会、行业内拥有较大知名度和影响力的人物的演讲等,以加大会展的吸引力。其三,网页放上展商的名单,因为对于想参展的人来说,他很重视某一领域有些什么样的厂商来参加。另外还可开通网上展览,进行全天候会展销售服务,客户随时可以点击它来观看或下载资料。最后,建立与展商、相关会展、协会网站之间的链接,在帮助客户进入这些协会和展览会页面的同时,自己会展网站也会因链接而有效扩大点击率。

10. 实施销售计划

会展营销,即利用其他展会促销自己的会展。可以通过参加在国外的会展,在展览会上设个摊位,以展商的身份为自己的会展进行宣传和销售,如有可能利用这个时机举办自己会展的座谈会、新闻发布会等,这些营销手段非常有效。

总之,我国会展旅游业的发展还处于初级阶段,要想在世界会展旅游业飞速发展的大背景下赢得一席之地,就必须以全新的姿态来面对问题和挑战。同时更要积极借鉴和学习国外会展旅游企业的先进做法,以做到"洋为中用"。

第二节　会展旅游市场分析和市场预测

一、会展旅游消费者市场与购买行为

(一)会展旅游消费者市场的主要参与者

会展旅游消费者市场的主要参与者是会展旅游者。根据会展旅游者的特征可以将其分为正式与非正式两种类型。前者指组织、协会或其他主办机构的会员以及受到邀请前来参加活动的人员。后者则包含相当一部分自发而来的会展活动参加者。

不论是正式还是非正式会展旅游者,他们中很大一部分都由配偶陪同,而且这也是他们参加会展旅游活动的重要因素。会展旅游组织者针对以上情况,需要对会展旅游实施报价多样化,针对不同的会展旅游者、不同的会展旅游需求进行会展旅游产品的组合。

(二)影响会展旅游消费者的购买行为的主要因素

与其他旅游消费者决策行为相似,会展旅游消费者的决策过程主要受到旅游需求、信息选择、涉入机会的评价、产品选择、收获及购买前的经验与评价等因素影响。这些影响因素按种类可以归为四大类。

1. 个人/商务因素

(1)个人健康因素

会展旅游举办期间个人暂时的健康状况会对是否参加会展旅游产生影响。健康恶化、身心疲惫或是不堪会展旅行劳苦奔波者一般会选择放弃。

(2)个人财务状况

个人财务状况也会影响购买决策,尤其是在会展旅游的大部分花费须由自己支付时。因此,是否有第三方赞助是会展旅游者购买决策过程中的重要助推器。另外,会展旅游参加者的收入水平、旅行费用等也是个人财务状况的包含因素。

(3)个人家庭事务

家庭责任和义务是一个重要的决定变数。当会展旅游活动正好能使个人家庭团聚、为家庭和睦提供机会时,潜在购买者有很大可能会参加会展旅游活动。

(4)个人时间可得性

个人计划表冲突及会展重叠是决定个人是否参加会展旅游活动的重要影响因素。会展旅游安排者的旅游时间设计是取得高回报的关键因素之一。

(5)学习与进步的欲望

潜在消费者自身的意愿,尤其是向不同事物学习以及在事业和学术方面的进取心会影响他是否参加相关会展旅游活动。当然,这部分影响因素与会展旅游组织者的行程设计是分不开的。

2. 会展旅游组织者因素

会展旅游组织者对本次活动的安排方案,以及会展类活动本身的吸引力也是影响会展旅游消费者购买行为的因素之一。如果通过会展旅游能够使参加者加强交流、获取有价值的前沿信息，对他们的个人职业生涯以及学术地位产生重大影响，或者能让他们加强与同行的联系，那么潜在会展旅游者会对购买持积极态度。另外，其他一些因素，如潜在参加者与其他专家学者、同事、朋友的个人关系，继续教育与培训机会等，也会对会展旅游消费者购买行为产生影响。一般地，在组织方面能促使会展旅游活动成形的主要动力有：

（1）聆听本专业领域最有声望的专家演讲；

（2）跟随本专业领域的最新潮流；

（3）学习新的技能及开发新的商业与学术关系等。

3. 区位因素

区位也会对潜在会展旅游者的购买决策产生重要影响。如果会展旅游活动举办地的区位位于潜在会展旅游者的附近，参加会展旅游活动的花费不是非常多，那他们就有可能会不假思索地选择参加。相关研究表明，举办地的"辐射作用"是非常重要的，通常在大城市举办会展旅游活动会取得较好的效果，而在只有较少人口居住区域举办的会展旅游活动则很难取得成功。会展旅游目的地气候也是影响会展旅游者购买决策的重要因素，尤其是当一个人对某种气候比较敏感时，这种影响尤为明显。另外会展旅游目的地形象也是必须考虑的，旅游形象好的区域依靠强有力的吸引力能争取较多的参加者。FTIMC(the Florida Tourism Industry Marketing Corporation)曾做过一次会展旅游活动调查，结果表明佛罗里达是美国最为理想的会展旅游目的地，其原因归结于佛罗里达全年气候宜人，交通方便，服务质量高，旅游资源丰富，会展设施及旅游设施完善，几乎能满足所有会展旅游者的各种需求。从佛罗里达成为美国最理想会展旅游目的地的案例可以看出，区位因素在会展旅游者的购买决策过程中有着举足轻重的影响，并是某区域能否成为理想会展旅游目的地的关键要素。

4. 涉入机会因素

涉入机会的影响主要是指相互竞争的其他会展旅游活动的举办对参加者产生的影响。如果潜在会展旅游者被某一较高等级的会展旅游活动邀请，那他有可能会放弃其他会展旅游机会。会展旅游活动的重叠是涉入机会在影响会展旅游者决策过程中的重要表现。另外，会展旅游在注重业内竞争的同时,还要注重与其他旅游产品的竞争。会展旅游产品与其他类型旅游产品是互补关系,但同时也是一种相互替代的关系。如果会展旅游活动与一般旅游活动相比,所花费用与所得利益不平衡,那么潜在参加者可能会转向一般旅游。

二、会展旅游生产者市场与经营者市场

会展旅游生产者市场由会展组织协会、会展公司等组成;经营者市场则主要由旅游服务企业等组成。会展公司通过竞标的形式从行业协会手中获得一些会展的主办权,负责会展活动的整体策划和具体组织。由于会展旅游活动是一项操作性极强的系统工程,从招募、布置到进行,涉及许多部门多个环节,会展组织公司很难将更多的精力投入场外服务。这就需要会展公司和旅游企业之间相互合作,共同推动会展旅游市场正常运作。

会展公司负责招募、宣传以及会场内的组织管理工作,同时寻求旅游企业的支持;而旅游企业则发挥行业功能优势,为会展的举行提供相应的外围服务。这种外围服务从会展活动本身拓展开来,涉及餐饮、住宿、娱乐等方面,进而争取使会展相关人员产生游览、购物、旅行等更进一步的需求。

会展旅游的深度发展要求会展业和旅游业之间呈现良好对接状态,实现专业化分工,其最终标准是旅游业能够选择自身可参与部分,全程参加会展活动,介入前期策划、中期服务和组织后期旅游,依靠自身长期经营旅游业务所积累的行业优势,以树立会展形象和品牌为职责,为会展活动提供其所需的相关活动,如安排车辆接送,代订客房、餐饮、票务,组织会展旅游者在目的地的参观游览和娱乐消遣活动,提供翻译、导游讲解服务等,还可以根据实际需要适时提供一些专业建议以供选择。

三、会展旅游市场需求预测

会展旅游市场需求预测是依据会展旅游市场的历史和现状,凭历史的经验并应用一定的预测技术对会展旅游市场发展的未来趋势进行预测和判断,得出符合逻辑的结论的过程。会展旅游市场预测是会展旅游企业的一

种有目的的活动,主要是为解决市场营销问题、为营销抉择提供信息而开展的活动。它服从于会展旅游业,是其中的一个有机组成部分。

(一)会展旅游市场需求预测的内容

宏观方面主要包括:

(1)会展旅游的发展及变化;

(2)会展旅游市场容量及变化;

(3)会展旅游市场价格的变化趋势;

(4)会展旅游需求的变化趋势等。

从会展旅游企业角度进行会展旅游市场预测,主要是在宏观预测指导下,根据已有资料预测会展企业目标市场的未来发展趋势,预测市场占有率变化,以便及时调整企业的经营发展方向,做出正确的经营决策,在激烈的市场竞争中立于不败之地。

(二)会展旅游市场需求预测的方法

1. 传统预测技术

传统预测技术指的是预测者利用自身积累的经验,结合已往史料、实际资料等,通过全面分析、科学判断、综合研究等,对市场发展趋向做出相应判断,由此形成针对性预测。这一方法的优点在于无须支出太大的费用,较为经济划算,所用时间也非常有限,如果得到科学有效的利用,则可以得到良好的实用效果;其不足之处在于无法实现长期预测,所得结果可能存在较大误差。

2. 时间序列预测技术

时间序列预测技术指的是根据已往及现时的时间序列资料,利用相应数字方法不断扩展,用以预测会展市场发展趋向。由于充分利用原有的时间序列数据,因此其成本支出也相对较小,更加简洁、易于实施。

3. 因果分析预测技术

因果分析预测技术指的是通过对市场变化成因的分析,明确当前情况与影响因素间的关系,确定原因与结果间的关联性,以此为依据分析预测会展市场发展趋向。

第三节　会展旅游市场营销方式

一、会展旅游的广告宣传

作为一种广泛应用且较为有效的营销手段,广告宣传也是推进会展旅游活动的重要策略之一,指的是组织方通过租用、购买等方式实现对媒体的利用,达到公开宣传、扩大影响、激发参与的目的。因此,广告宣传所能覆盖的目标市场是较为全面的,通过连续的广告宣传,可快速、有力地扩大影响力,深化潜在参与者的印象。由相关调查可知,组织会展活动前,如果连续发布 6 次整版广告,所取得的效果与未发布广告相比,可吸引更多的潜在参与者,前者所吸引的参与者数量多于后者的 1/2,如果连续发布 12 次整版广告,可吸引多于后者 1 倍的参与者。但组织方也应注意,由此所付出的成本未必能达到相应预期,因此,即便广告效果良好,也不能盲目投放,必须选择恰当的媒体及方式,以实现对广告成本的管控,并获得预期成效。

组织实施会展旅游广告宣传时,应采取层层递进的方式,具体步骤如下:

(一)准备阶段

这一阶段的主要任务有以下三个:

1. 成立专门的广告宣传小组

成立专门的广告宣传小组,最为关键的是确定合适人选。应选择工作认真负责、创新能力较强、思维灵活广泛、具有良好团队协作能力的人。同时还应形成明确的分工。

2. 明晰宣传的实际需求

明晰宣传的实际需求,应从下述几个方面入手:

一是明确目标群体特点。广告宣传能具体分析目标群体的年龄阶段、

87

职业范围、文化水平及生活习惯等,如:普通民众乐于通过互联网获取信息,而从商者更加关注报纸、杂志中的内容。必须具体分析他们的媒介接触渠道和手段,明确其接触的时间和特点,从而确保广告播放与之相合,提高广告宣传的针对性,使其更多地接触、影响目标群体。

二是明确活动自身特点。会展旅游活动所属的性质类型,会明显影响到广告宣传,性质类型的差异也会引发相应要求的差异。那些行业性、专业性鲜明的会展旅游,更适宜于通过专业性的报纸、杂志进行宣传,也可以通过专门的电话、传真实现宣传;而大众化、宜人化的,应该以报纸、杂志为媒介进行宣传;宣传时不宜采用黑白印刷的方式,应以具体情况和依据进行选择。

三是明确媒体性质及宣传广度。媒体的差异会带来社会声望的差异以及宣传效果的不同,进而对宣传影响及可信程度产生明显作用;同时,媒体信息生命周期及其限制性方面,也会形成相应影响。因此,需要对不同媒体加以对比,综合考量后做出最佳选择。

可以考虑媒体辐射范围与活动意图的一致性问题。如:会展旅游活动是为了在全国范围内形成影响,则适于在中央电视台、中央人民广播电台以及全国性的报纸、杂志进行宣传;如要在区域范围内产生影响,地方电台、电视台及相关报纸、杂志,则是进行广告宣传的首选;倘若是以提高国际影响力为目的,应选择国外广告媒体进行宣传。

四是有效管控媒体成本。所选媒体不同,由此产生的成本也会呈现相应差异,即便是选择了同一类型的媒体,如果所用时间、版面存在明显差别,那么所产生的费用也是不同的。如:相比而言,电视广告会产生非常高的费用,而报纸广告则明显较低;在黄金时段播放的广告,所需费用会显著高于其他时段的广告费。因此需要将成本问题作为广告媒体选择的重要依据,综合考量广告成本与其效果间的关系,立足自身财务承受能力,通过比较遴选确定较为合适的媒体及时间段。

五是活动之前的宣传时间。开展广告宣传时,还应将不同媒体的宣传速度进行比较,从而选出最适于活动需求的媒体。如果活动举办前有非常充裕的时间进行准备,则可以选择杂志等媒体;如果活动准备时间较短,需要实现快速宣传与销售,那么广播、电视和报纸则是最佳选择。

3. 做出相应决策

基于上述两项工作,对广告宣传做出相应决策,形成针对性的规划和控

制。通常也将决策称为 5M 决策,也就是在明确目标群体及游客需求的基础上,制定下述五个方面的内容:

(1)任务,也就是进行广告宣传的目的和预期是什么(mission);

(2)资金,也就是所需的费用有多少(money);

(3)信息,也就是需要传达哪些信息(message);

(4)媒体,也就是需要使用哪些类型的媒体(media);

(5)衡量,也就是如何对宣传效果进行评价(measurement)。

(二)媒体选择阶段

通过上一阶段的分析比较,可以明确不同类型广告宣传媒体的特点,以此为依据选择适于会展旅游广告的媒体,也可以将相关媒体进行整合优化,从而确定最优媒体类型。

现有的媒体类型及其特点如下:

1.报纸

报纸具有四个方面的鲜明特征:一是消息性;二是新闻性;三是重复性;四是可信性。报纸不仅发行量巨大,而且涵盖范围较广,传播速度较快,受众群体较为稳定;同时还具有制作简单、费用较低等特点。报纸通常以日或周为单位发行,具有很高的重复性,极易对受众产生影响。同时它也存在自身的不足,即:内容较多且繁杂,极易导致读者注意力的分散,所产生的广告效应较低,通常为快速浏览者。同时,报纸广告无法实现声情并茂的宣传,广告刺激较弱,难以有效记忆。

2.杂志

这一媒体可实现对市场的进一步细分,特别是专业类的杂志,其受众群体非常明确,具有很强的针对性,因此可实现极高的命中率,方便进行目标客户的甄选。杂志还可以为读者提供反复阅读的机会,同时有利于长期保存,特别是高档杂志以其精美的编辑,结合诸多设计技巧的灵活应用,可以达到图文并茂、有力吸引的宣传效果,这方面明显优于报纸广告。但也存在出版周期过长、传播范围窄、速度慢的缺点。

3.广播

这一媒体具有宣传范围广、受众面大、交通路程影响小等优点,因此,传播速度最快、传播范围最广。广告语言形式丰富多样、灵活高效,可为受众创造良好的想象空间,同时具有很高的重复率,成本支出较少。其缺点主要表现在无法进行声音和图像的传播,并且时间有限,所传播的信息量较少,无法实现深刻、精准、详细的传播,无法保存,极易忘记。

4.电视

通过电视这一媒体可实现声音与图像的同步传播,不仅形声兼备,具有良好的形象性、逼真性和生动性,而且以其艳丽的色彩、浓厚的感染力、强烈的刺激性,得到受众的广泛欢迎,从而产生更加显著的宣传效果。大部分人会迷恋电视节目,主要掌握了他们的收看特点及要求,然后实施针对性、重复性的宣传,便可深化人们对广告的认知。但也应看到电视广告的缺陷,如:极易受到干扰,时间较短,难以有效保存等,同时其成本支出也明显较高。

5.互联网

网络广告既具有良好的形象性、动态性,而且用时方便,不会受到时空限制,可随时随地向受众传播。同时,其所含的信息量异常丰富,非常易于存储,且可实现重复读取,能够在极短时间内传遍全球。因此,这一形式受到组织方的广泛青睐。

从宣传方式来看,互联网主要采取电邮、标牌及链接等,特别标牌方式具有鲜明的灵活性和多样性特点,其受众也是极为广泛的。

6.户外广告

所谓户外广告指的是将布告信息置于户外的一种广告类型。其优点和特色体现在可更加直接地融入目标人群的生活中,更加亲近目标市场,使其成为他们生活中的重要构成,进而显著影响到受众的兴趣爱好、态度情绪、认知理解以及选择决策等。最常见的户外广告形式有以下几种:

(1)海报

这是一种以单张形式呈现的,可供张贴的印刷广告,作为一类最为古老的宣传媒体,它的优点体现在宣传具有鲜明的直观性,并且非常灵活和自由,可实现对信息的及时传播,其制作也是较为简便的。

(2)路牌广告

这种户外广告形式通常设于城市的繁华地段,位置越佳所产生的宣传成效也会越大。路牌广告通常以图文形式加以呈现,其画面非常清晰,具有很强的吸引力,文字言简意赅,可使人产生非常深刻的印象,能够形成良好的视觉效应。

（3）霓虹灯广告

这种广告形式是充分利用新型材料、全新科技、新的手段实现的广告类型,将灯光、色彩及动态有机整合优化,形成对观众的有力吸引,由此强化信息表现,提高人们的接受性。这一广告形式通常设置于城市制高点,或者是大楼顶部,抑或是商店门面,在白天可发挥招牌、布告的作用,而夜间则拥有绚丽多姿的色彩,具有亮化、美化的功能。

（4）交通类广告

这类广告是通过高频度的流动,实现强化宣传、深化记忆的目的,尤其是那些穿梭于市中心主街道的公车广告,可将信息辐射至很广的范围,达到良好的宣传效果。

（5）灯箱广告

这种形式的广告充分利用了灯光效果,可分为箱式、柱式、塔式、亭式及街头钟等类型,将灯光照射至照片、招贴纸及柔性材料上,从而产生单面、双面甚至是多面效果的广告,其外形优美、画面简洁,可产生良好的视觉体验。

(三) 材料制作阶段

广告效果很大程度上取决于宣传材料的制作情况,因此,进行材料的编制时,需要从以下几个方面入手:

1. 真正的创意设计

只有独创性的广告设计,才能体现其中的创意,展示出与活动主题深度相融的主旨,具有创意的会展旅游宣传广告,会明显有别于一般广告,可在极短时间内吸引公众的注意,产生有力带动和辐射,促使他们形成更为强烈、持久的购买表现。

2. 目标群体明确

实践证明,只有基于明晰具体的目标群体,才能及时准确地获取他们的需求及特点,了解其爱好特长,掌握旅游的目的、去向及形式等,增强宣传材料的针对性和特色性。当目标群体为不同国家游客时,还应注意他们的禁忌、习俗及宗教问题等。

3. 宣传内容丰富充实,思想理念健康科学

宣传材料所包含的信息应具有鲜明的针对性,有效满足目标群体需求,具有良好的欣赏和实用价值。既要包含基本旅游信息,也应含有与会展相

关的内容。总之,宣传材料制作过程中必须保证内容丰富充实、理念健康科学,具有正向引导和激励促进作用。

4. 语言文字简洁精准

宣传材料主要是为了精准高效地传达会展旅游活动信息,为此,必须要求语言文字简洁精准,具有很高的凝练性和表现性,不能使之产生误解。通常而言,准确清晰地表述是基本要求,在此基础上还需要语言文字高度浓缩,具有鲜明的方向性和新颖性,从而引起受众的关注。

5. 广告吸引力强

只有广告内容具有良好的感染力和吸引力,才能达到预期宣传效果,这就需要宣传内容深度契合目标群体的需求,使参与者能够获得良好的体验和实在的利益,获得越多说明宣传的表现力越强,吸引力也就越大,从而引发目标群体的共鸣。

6. 确保风格统一

确保风格统一指的是用于广告宣传的所有材料应确保风格的高度统一,如字体的统一、色调的一致、标记的统一等,从而强化目标群体对广告宣传的感知。

7. 重视包装与质量,保证均为上乘之作

当宣传材料为印刷品时,必须适应优质纸张,同时保证文字与色彩形成良好的搭配,使之产生一种清晰明亮之感,更好地满足特定群体审美需求;如果是音像资料,必须注重声音与图像的有机融合,以期获得最佳效果。

(四)宣传实施与监督阶段

该阶段指的是预先明确广告宣传所用的媒体,然后积极协助相关宣传材料的制作,动态监督广告投放情况,及时收集民众的意见看法,据此对宣传广告做出及时有效的调整与优化。只有采取密切跟踪、积极跟进、有效提升等策略,才能确保广告宣传达到预期成效,组织者才能由此获得认可和青睐。

二、会展旅游的人员推广

企业优选得力营销人员,由他们确定会展旅游的潜在购买者,并向他们推销相应商品服务,这便是会展旅游的人员推广。这项业务的核心在于有效说服顾客,从而积极接受营销人员的营销活动及商品、服务等。这种推广方式具有自身的鲜明特色,也就是频繁地互动,企业可以对宣传目标进行灵活选择,同时增强针对性,但也会因此产生高昂的费用。

(一)人员推广的方式

1. 直接发函

这是一种将资料直发目标群体、向他们发出邀约的一种推广方式,也是组织方最为常用的营销方法之一,是成本与效益取得最优解的策略。组织方可通过自行邮寄或委托专业公司直发等形式加以实现。前一种形式需要组织方充分掌握目标群体的数据信息,创建属于自己的数据库,在此基础上依据区域、规模、行业等标准,对这些数据进行分类存储;后一种形式需要注意的事项是,首先对发函公司更新邮寄名单周期形成全面、准确的掌握,进而确定其服务质量。这种方式的实现手段主要有:

(1)邀请函

它是出于有效宣传会展旅游而精心设计的函件。不仅会体现出组织方对活动的重视,而且也表达了对被邀请方的尊重,有利于进一步密切双方的关系,但邀请函中所包含的信息通常较为简略,可将宣传手册等一并寄发。

(2)宣传手册

它不仅做工精良,而且色彩艳丽,目标群体由此可产生强烈的视觉效果,它包含了活动的方方面面及细节内容,可实现极为详尽的介绍,因此,通常会装订成册。它既可当作宣传推广资料使用,还可成为一份宝贵的档案资料。

(3)贵宾卡、赠票及奖券

面对最重要的目标群体时,贵宾卡无疑是表达敬意与尊崇的首选,贵宾可凭此卡参加会展活动及旅游事项,享受到贵宾的待遇;而赠票则是寄给目标群体的免费参观票证,也可以是旅游景区(点)的门票;凭领奖券可参与旅游抽奖活动,并获得各种小礼品。虽然这些卡、票、券并无多大价值,所需成本也非常有限,但可对收到者产生良好的激励效果,使目标群体产生满足心理。

2. 电话推广

这是一种以电话为工具进行营销推广的活动。通过电话交流实现高效互动,从而达到良好的推广效果。但必须在短时间内激起目标群体的兴趣,以免出现随时挂断的情况。此外,这种方式通常存在很强的感情因素,需要推广人员使对方明确此次活动的意义和价值。

3. 上门拜访

这是一种以肢体动作、面部表情为基本信息,同时结合声音实现对信息传递的一种推广方式。但其成本明显较高,通常是面向具有重大新闻价值和商业用途的目标群体,如政府高层、行业权威等。他们通过参与相关活动及旅游事项等,形成对其他民众的有力吸引和辐射,因此,组织方会在这方面投入大量成本。

(二)人员推广的步骤

1. 寻找目标公众

目标公众指的是那些具备参加可能性的群体,人员推广所需成本普遍较高,因此,这一营销方式通常面向目标群体中较为重要的部分。

实践证明,人员推广的核心在于寻找目标公众,从而实现精准定位,高质高效地完成这一工作任务,可遵循下述条件找寻:

(1)参加此次会展旅游可获得相应成果,如:及时掌握行业发展状况,加深与业内人士的互动,优化自身形象;

(2)拥有高度自主权;

(3)有充足时间、足够能力参加活动。

组织方在确定会展旅游目标公众后,便可依据不同地区、性质、目的等,构建起基于此次活动需求的数据库,其中目标公众包含了他们的姓名、年龄、民族、职业等要素。特别是必须明确它们的联系方式。

2. 推广准备

这一方式包含了诸多方面环节,如函件的制作、拟定电话的交流、谈话内容的准备等。它是正式推广开始前的准备环节,也是必备部分,能够实现对推广情况的有力管控和引导,需要尽量全面、有效地准备。在这一环节中,推广人员既要全面掌握此次会展旅游的基本情况,又要深入了解对方的爱好及习惯,积极准备对方可能产生疑虑的问题,以免在交流中出现跑题或尴尬的情况。

3. 正式推广

这一阶段必须掌握推广的要求和技巧。开始后对方注意力由于各种因素影响可能会被分散,在各种事务之间徘徊,这就需要推广人员采取有效措施,激发对方的推广兴趣,之后进入正题。出于激发对方重视的目的,需要推广人员从以下方面入手:

(1)注重第一印象;

(2)将切身利益作为突破口;

(3)采取个性化的信息传递方式。

取得对方的信任和重视后,推广人员还应采取有效措施,激发对方的兴趣,以免分散注意力。最为有效的方法便是使他们了解此次活动可产生的预期效果,从而意识到通过此次活动可向他们提供更多发展和成功的机会。

基于兴趣及推广人员的引导,对方会自然地切换到正题中。这就需要推广人员采取有效措施和手段,促进对方自然而然地实现切换,而不使对方产生心理压力。当话题切换太过突然时,目标公众可能会产生不安、抵触情绪,不利于推广工作的有序实施和高效进行。

4. 后期工作

虽然某次推广活动已结束,但推广人员的具体工作并未终结,还需要做好后续其他工作,如:及时提醒欲参加会展旅游的人员进行各种表格的填写,并为其提供力所能及的帮助,为他们提供更加具体的活动信息。

三、会展旅游的公关营销

会展旅游的公关营销指的是组织方采取丰富、多样的传播策略,与各方参与者进行积极高效的沟通,从而树立起良好的社会形象,创设优良的营销环境,由此产生的一系列活动。具体步骤如下:

(一)确定公关营销目标

每一轮次的公关营销均要有明确具体的目标,也就是通过这一轮次的公关营销活动,获得怎样的预期。通常而言相关预期如下:

1. 加速会展旅游销售

也就是更快、更好地销售会展旅游相关会议、展览席位等。

2. 为活动自身、组织方创设优良的形象

实施公关营销的根本目的在于优化、提升活动自身、组织方的优良形象。当这一目标达成后，便构建起组织者与客户间的良性循环，能够有效优化会展旅游营商环境。

3. 营造优良的外部环境

对于组织方而言，其预期当然是以本次会展旅游活动为契机，开展相应公关营销，营造优良的外部环境，进一步增进与政府机构、新闻媒体的公众关系，创设更加和谐的外部环境。

(二)找准公关营销卖点

作为展示组织方、活动自身形象的重要手段，公关活动并非普通营销行为，必须发现并利用最佳"卖点"，以此为依据和支撑，全面策划本次公关营销活动。此处的"卖点"指的是公关营销活动中最为耀眼的地方。

(三)选择公关营销方式

现有的公关营销方式较为丰富、多样，既可以是新闻发布会、新闻报道，也可以是人物专访、公益活动，还可以是专题公关。组织方工作人员可立足不同方式的成效性，将它们有机结合、优化，从而获得预期效果。

1. 新闻发布会

其又被称为记者招待会，具有很强的导向性和权威性，组织方通过这一方式，可更加快速地传播信息、更为客观地报道新闻、更加积极地处理与媒介的关系。组织有力的话，它还会是一种低本高效的营销策略。无论是筹备阶段还是开幕期间，及时有效地举办新闻发布会，能够高效宣传此次会展旅游活动，同时还要注意所发布的内容必须具有相应新闻价值，能够引发良好反响。

2. 新闻报道

它是通过报纸、杂志等媒介，登载各类新闻资料，以达成预期目的的一类软性广告。这些新闻资料通常为与新闻相关的稿件、特写、图片及邀请等。通常而言，它所需费用较低、时效性较强，同时还具有良好的可信度，可存在于会展旅游活动的各个环节中。

3. 人物专访

它是针对本次会展旅游中的核心问题,专门访问行业权威、专家学者及具有影响力的人物等。在这一形式下,观众只是旁观者,不会产生显眼的营销痕迹。同时,上述人物的思想观点会产生良好的引导和权威作用,易于被观众所认可和接受。

4. 参加公益活动

组织方应立足自身需求和实力,选择符合自己的社会公益活动,积极参与到相关活动的具体事项中,取得实实在在的效果。通过大力支持、赞助公益事业,既可以表达自己的爱心,又能够进一步增强自身的"义""善"形象。

5. 专题公关

这方面包含了非常丰富的内容,在会展旅游领域主要包括:一是吉祥物的评选;二是会标、路线、文章的征集;三是形象大使的评选;四是联谊会的准备与开展。

(四)拟定公关营销计划

拟定公关营销计划指的是针对具体营销的内容及推进措施流程等,进行相应筹划和拟定。如:举行新闻发布会阶段,应确定会议旅行的时间、地点、内容、流程、经费、场景及采访媒体等,同时还要确定主持人、发言人等。

(五)实施公关营销计划

当公关营销计划通过审核后,需要组织方采取巧妙的方法措施,有意制造相关新闻,成功吸引媒体的关注并前来采访报道,产生积极高效的营销效应,不断扩展影响范围。应采取独树一帜的营销形式,有效激发公众关注,引起他们的兴趣,生成采访的良好素材。除此之外,还需要营销人员积极邀请行业权威、社会名流的参与,从而形成相应效应,更加高效地宣传会展旅游。

(六)公关营销后续工作

公关营销后续工作主要是进行较为烦琐、细致但又极为重要的工作。召开新闻发布会后,需要在第一时间整理发布会相关材料,及时评价相关组织、布置、主持及回答等事项,并做出全面总结分析,将相关评价总结整理完备并归入档案以备查询使用。对于营销人员而言,应及时收集整理相关新闻报道,同时做出针对性分析,从而确定新闻发布会的成效性,明确存在的失误或不足,如果是组织方自身原因引发的,则需要组织方做出诚挚道歉,积极改正相关问题;如果是记者的问题导致的,则需要采取恰当的方法措施予以澄清,要求媒体做出更正。还应及时收集记者、与会代表的意见和看法,发现接待、供应等方面存在的问题,及时查看签到情况,明确有哪些记者进行了现场报道,从而为后续举办相关发布会提供重要参考。

第四章　会展旅游综合服务管理

第一节　会展旅游餐饮与住宿管理

在旅行过程中,旅行者必须解决的基本问题主要包括两个方面:一是餐饮问题;二是住宿问题。因此,进行旅游服务管理时,必须将它们作为两个基本事项,只有在吃和住两个方面均达到游客的预期心理,甚至明显超过他们的标准要求,为他们提供超值旅游服务,才能得到游客的认可和青睐。

一、会展旅游餐饮管理

(一)餐饮管理的准备工作

只有通过充分细致的准备,才能确保餐饮管理有的放矢、周到全面。实践证明,准备工作的完善性和充分性,会明显影响到后续其他工作的实施,

进行准备工作时需要管理人员从以下几个方面入手:

(1)梳理、汇总参会人数。

(2)分析参会人员相关情况,如各位参会者的国籍、宗教信仰、职业、年龄及性别等。

(3)剖析旅游目的地饮食习惯,明确他们在餐饮方面的法律法规。无论何地都会出台有关餐饮方面的法律规定,安排会展旅游活动时应将这些情况考虑其中。

(二)餐饮管理的要求

1.安全卫生

只有保障饮食安全,才能为旅游者提供清洁、卫生的餐饮条件,使他们在参会的同时吃得安心、吃得满意。所以,餐饮业应严格依据食品卫生相关要求,加大对各环节的监管力度,保证会展旅游者可以放心、畅快地就餐。

2.规格适中

相比于一般旅游活动,会展旅游有其独特之处,体现在就餐方面则是经费决定了其就餐规格,同时与勤俭节约原则相一致,通常不会出现肆意吃喝、浪费奢靡的情况。

3.照顾特殊

由于参与会展的人可能来自不同地域、不同民族,他们的餐饮要求会有一定的差异性,需要给予他们特别的照顾,最大限度地满足这些差异化饮食需求。

(三)餐饮管理的工作程序

1.形成餐饮工作方案

从就餐标准维度来看,应具体确定三餐的对应支出。时间方面,应全面考量会展旅游的整体安排情况,特别是他们的时间分配;地点方面,当人数过多时应尽可能多地设置就餐地点;形式方面,根据实际需要明确采取个人分食还是同桌合餐等形式;组合方式方面,明确参会人员按照自由组合还是预算编组等方式;凭证方面,明确采取凭证件抑或是统一组织。通常情况下,一般小型会展旅游者只要结伴而行或者出示名卡即可,无须使用餐券。

2. 预订餐厅

进行餐厅选择时,需将下述方面作为重要考量内容:

一是餐厅容客量,以明确其能否容纳所有参会者;

二是餐厅卫生状况,以确定其卫生条件是否达到规定标准要求;

三是饭菜的品类和质量,从而确定餐厅饭菜是否符合会展旅游者要求;

四是活动地点与餐厅间的距离,以明确这一距离的适当性;

五是明确价格的合理性。

3. 统计就餐人数

针对就餐人数进行准确具体的统计,这是进行餐饮安排的基本参考。如果人数模糊,则无法有效明确就餐量,容易导致浪费或不足的情况。常用的人数统计方法是以签到情况加以确定,还需注意的是,人数情况并非一成不变,而是不断变化的,这就需要餐饮管理人员加强与组织方的沟通合作,及时掌握变动情况,同时调整人数标准,提高这方面工作的主动性和能动性。

4. 商定菜谱

对于组织方而言,必须高度重视菜谱的需求及商定工作,以经费预算为基准,依据餐厅实际供应情况,制定出科学合理、健康高效的菜谱,按照参会人员的差异化需求予以提供,最大限度地照顾到不同地区参会者的饮食习惯,满足他们的饮食需求。通常情况下,国际化的会展旅游活动以中西结合的方式提供,如果条件充足且允许,也可以提供体现地方特色的饭菜,促进参会人员更加全面具体地了解当地的乡土风情,增添旅游生活的情趣性,同时还有利于开阔视野、增长见识。

5. 餐前检查

就餐前,还应认真检查饭菜的质量、数量及卫生等情况,一旦发现问题,应立即予以调整或纠正。

6. 用餐服务

一般含有下述内容:

(1)餐桌布置

用餐地点的差异会导致餐桌饰品出现相应差异,这就需要餐具、餐巾、桌布、花卉等要素保持协调统一,确保与参会者身份地位相匹配。

（2）安排入座

最为常见的安排方法便是自由入座法，由参会者自行决定在哪里入座，当组织方确有需要留座时，需要事先给予说明，并将需要留出的餐桌、座位加以标识。

（3）收取餐券

当餐饮服务需用就餐券时，需要对负责收取就餐券的责任人予以确定，以免出现混乱的情况。这项工作一般由服务员负责，当就餐者座无虚席、着手上菜时，进行餐券的收取工作。

（4）就餐形式

一般是以自助或半自助为主要方式，前者是将食物置于餐台上，任由就餐者拿取；后者则是以此为基础，服务员对某些种类的食物进行控制，这些食物通常由服务员提供。

（5）控制环境

就餐人数过多时，需要组织方综合考量就餐环境问题。特别是就餐人数在 50 人以上时，则必须考虑室内通风问题，如果同时存在其他节目，还应将照明需求等作为重要问题纳入考量范畴。

7. 餐后反馈

参会者就餐结束后，还需要组织方及时收取他们对本次餐饮情况的意见，从而做出针对性改进。

二、会展旅游住宿管理

（一）住宿安排的要求

1. 相对集中

为了便于管理、加强领导，增进参会者之间的沟通交流，通常将参会者集中于某地，统一安排住宿。

2. 距离适中

距离适中指的是综合考量住处与旅游景点间的距离。依据举办地和目的地的统一性，可将会展领域分为两类：一类是一体式；另一类是分开式。

前者指的是举办地和目的地为同一个地方,因此,会展、住宿、旅游可实现一体化实施;后者指的是住处与景点相分离,并且需要转乘车辆才能抵达,此时则需要对住宿安排做出统筹考虑,当举办地和目的地之间的距离不超过500千米时,旅行用时在两天之内的,安排住宿时,则尽量将住处选在距离旅游目的地较近的地方。

3.设施齐全,确保安全

对于会展旅游参会者而言,他们所居住的宾馆或就餐的饭店,不仅要具备基本生活设施,同时还必须拥有完善的消防及安全设施,还有专职安保人员,保证参会者的安全。

4.合理分配,特殊照顾

在会展旅游住宿方面,必须面对房间分配这一敏感且重要的问题。凡是职务、身份相同的,所安排的住房标准也必须统一,以免出现误解的情况;当参会者身份地位不同时,则需要对他们进行恰当的差异化安排,体现出应有的合情性、合理性;此外,还要对特殊需求者做出相应安排。

5.规格适中,勤俭节约

会展旅游活动中,住宿费通常占比较大,因此,必须将勤俭原则作为基本遵循,依据旅游活动实际所需,选择相应住宿规格,不能不顾实际需求,一味入住高档宾馆。

(二)住宿安排的原则

1.个性化

随着时代的发展,人们的个性化需求也日益强烈,这就需要旅游市场积极适应这种个性化发展要求,提供富有个性化的服务。就会展旅游市场而言,则需要根据参会者的身份地位进行层次划分,通常分为贵宾和一般客人。前者主要由三类人员组成:一是政府人员;二是国际组织领导人;三是跨国企业所有者及高管。后者则主要由两类人员构成:一是一般中小企业家;二是公司普通管理人员。以活动范围为依据,可将参会游客分为以下几种类型:一是会议型;二是展览型;三是节事型;四是奖励型。以性别为依据,可将参会游客分为男性和女性两类。除此之外,还可依据习惯、爱好进行分类。通过个性鲜明的住宿安排,既可体现他们的个性化追求,为他们提供相应客房及服务,也可体现他们的身份、地位、层次、爱好、年龄、民族、文化等,更好地满足他们的入住需求,同时还有利于彻底改变传统的标准化房间模式。

2.工作

在这一原则下,要求住宿安排人员必须将参会者的工作需求作为选择宾馆的重要依据,以方便他们在宾馆房间内进行办公,起草修改相关文件,以及对外联系,准备相关发言,展开有关讨论等。这就要求宾馆能够提供足够大的客房用于办公,还要配置较大的桌子,座位设置要合理,灯光要明亮,将电话置于合适的位置,配足办公所需的文具用品,以及相应的办公设施。

3.技术

对于普通游客而言,客房仅是他们休息、睡眠的地方,而会展旅游者则要求更多,除了休息、睡眠外,他们还需要在客房里工作,这就需要连接相应电子线路,实现与国际互联网的高效互联。因此,进行住宿地的选择时,必须对经费精打细算,首先选择那些具有高科技配置的客房,从而确保会展旅游务实高效。

4.环保

随着环保理念日益深入人心,进行客房选择时也必须将环保作为重要依据和标准。旅游业要进一步增强环保意识,不断满足会展旅游客户的绿色环保需求,更好地契合崇尚自然、保护环境的要求。这就需要住宿安排人员选择那些已经获得国际绿色通行证的宾馆,主要是国际标准 ISO14001 环境认证。

(三)住宿安排的工作程序

1.制定住宿工作方案

为提高会展旅游住宿安排的科学性和高效性,需要事先拟定相应方案,可将饮食安排一并纳入其中,住宿安排所包含的内容主要有:将要入住宾馆的地点、规格、费用及客房分配原则,以及其他相关事项。

2.统计住宿人数

统计这部分内容时主要针对参会对象及随行人员、采访的记者以及其他工作人员等。这项工作可分两步进行,首先是梳理报名或申请的大致人数,以此对所需房间进行预算,然后对实际报到参会人数进行统计,可以得到较为精准的数字,这也是确定房间及床位的最终依据。

3. 分析参加对象的情况

进行客房的预订和分配前,首先应对参会对象进行具体分析,明确他们的基本情况,确定他们的性别、年龄、职务、专业等,此外,还要了解他们的生活习惯、各自关系等。通常而言,需要将女性、年长者及高管人员作为优先者,对于他们做出应有的照顾。需要安排标准双人间时,可将行业和专业相近的参会者安排于同一个房间,从而利于他们进行深入具体的交流。当参会者还有随行人员时,还可将他们安排到同一个或相邻的客房,从而便于其工作。

4. 确定预订房间数量

进行客房的预订时,既要考虑数量问题,也就是参会对象的具体人数及其相关情况,还要依据管理实际需求进行房间的预订。会展旅游工作部门还应根据实际需要,在宾馆内设置临时办公地点或值班室;或者是参会对象需要利用宾馆会客厅会见客人,这就需要进行相应预订;当会展旅游过程中,还需要进行分组讨论或召开小型会议时,还需预订相应的会议室,以满足会议相关需求。

5. 预订宾馆和客房

宾馆和客房预订过程中,还需注意以下几个方面的问题:

(1)客房数量及可容纳的会展旅游人数。当会展旅游人数较多、住宿需求旺盛时,一个宾馆是无法容纳的,还需要进行多个宾馆的预订,同时这些宾馆间应保持较近的距离,以免给管理及参会带来不便。

(2)客房布局应尽量集中、统一,以方便管理和服务。

(3)客房内的生活设施具有良好的完备性。

(4)客房价格应居于合理区间。

(5)做好充分的预设和准备,从而有效应对特殊情况的发生。

6. 分发房间钥匙

该事项通常发生于参会者抵达目的地之时,并且由双方共同操作完成:一是旅游服务人员;二是宾馆工作人员。

第二节　会展旅游交通管理

从会展旅游全程来看,它的起点和终点均为交通行为,会展的参加、展后的休闲旅游等都必须有相应的交通作为支撑,这就需要会展组织方、交通部门对此做出细密有序的服务安排。

通常而言,当会展参会人数较多、流程较为复杂时,对于会展组织方而言是一个巨大的挑战,此时他们通常将交通运输进行外包,由专业团队负责,承包方通常由三部分构成:一是旅行社;二是汽车租赁公司;三是专业运输公司。即便是在外包的情况下也需要组织方参与决策,实现对交通运输过程的有效控制。

一、交通专业团队的选择

在物色交通专业团队时,有以下关键因素需要考虑。

(一)备选方是否有安排会展旅游的经验

当备选方具备相关经验时,可要求他们提供以往的服务过程及列表。会展组织方在进行针对性的考察后,便可以了解备选方是否从事过与本次会展旅游相关的服务,以及所服务的人数、费用、关键节点、相关安排等。

(二)备选方是否有可靠的资历证明文书

会展组织方有权向备选方提出要求,查看他们的资历证明,以保证其具备相应资质,同时还要高度重视安全记录情况。

(三)备选方是否熟悉所有旅行模式的价格结构和费用情况

对于会展组织方而言,可将这些内容作为招标的重要构成,从而保证其利益最大化,调动他们的积极性和能动性。

（四）会展组织方应多选几家交通服务提供商进行价格、服务、能力、水平及公司投保范围等方面的比较

如果旅游交通事宜发生在外地，则需要会展组织方加强与当地客运公司的交流，由他们提供当地具有雄厚实力的旅游交通专业团队名单，从而便于选择和合作。

当会展人数较少时，也可由会展组织方自行解决，然而这样的情况较为少见。针对会展旅游交通问题，最为关键的是要将其作为会展的一个重要构成，会展组织方要保证交通安排科学高效、顺畅合理，将其作为分内之事加以处理，从而获得消费者的赞许，不断提升他们的满意度水平。

二、会展旅游的交通方式选择

会展旅游交通通常采用空中交通和地面交通两种方式，同时还可以将水上交通作为一种有益补充。实际操作过程中需要工作人员根据实际所需，依据安全、温馨、快捷的原则，同时与细节变化相结合，对交通方式进行灵活组合、科学优化。

（一）空中旅游交通方式

在这一交通方式中，其交运体系主要由三部分构成：一是航线；二是机场；三是飞机。其中最为紧要的运输工具当属飞机，其承载着接送旅客的重要职责和任务，因此人们也将其作为空中交通的代指。有资料统计，36%左右的游客选择这种方式出行，他们通常为远距离旅游者。这种交通方式的优点和缺点都是非常明显的。

1.优点

一般是直飞航线，空运最为快捷、省时。同时，空中交通更适于远程旅行，还具有良好的舒适性和安全性。

2.缺点

与陆运和水运相比，作为空运载机的飞机，其造价更高，超容量及裁量更小，因此一般情况下飞机票价远高于其他交通方式。同时空运还受到气

候条件的影响,甚至会因此提前、转道、误点或取消,因此难以确保旅游者活动安排的及时性和准确性。此外,不足 500 千米的短途旅行,无法发挥应有的快捷作用。

(二)地面旅游交通方式

地面交通主要由铁路和公路两种方式构成。前者主要由三部分构成:一是铁路线;二是机车;三是车站。它们共同担负起对中、远程旅客的运输任务,6.4%左右的国际旅行者倾向于这种方式。由于空运及陆运的发展,铁路旅游日益受到影响,但这种影响主要体现在发达国家而非发展中国家。铁路运输具有其独特优势,其具有更强的运输力、更高的安全性、更低的成本支出,同时受到气候的影响不大,但其缺点也是非常明显的,也就是铁路交通必须以固定的路线运行,空间位移非常受限,缺乏应有的灵活性和应变性。

(三)水上旅游交通方式

所谓水上交通方式,指的是以船舶等为载具,通过运载旅客、货物等,实现水上运输的一种运载方式。而水上旅游交通更适于那些短途旅行的游客,同时对于进行长途水上游览的旅客而言,也是一个较优的选择。据相关数据统计,水运方式担负了世界上 7.5%的旅游交通运输量。我国拥有丰富的江河湖泊,水运资源也异常充沛,水陆沿线景色秀丽,从而为水上交通创设了优良的环境和条件。各地旅游部门应积极利用这些资源,开辟多元的旅游专线。

相比而言,水上旅游交通具有下述优势:一是具备良好的安全性;二是可体验乘坐的舒适性;三是设施设备的完备性。豪华游船不仅是一种有效的载客工具,而且也能够对游客形成有力吸引,是一种旅行与游览有机结合的运载工具;但它也有其自身的缺点,即航速较慢,管理较为繁复,极易受到自然条件影响,并且缺乏良好的灵活机动性,开展水上旅游会受到诸多条件的限制。

三、会展旅游交通管理的主要内容

会展旅游的交通管理主要体现在交通票务与交通安排上。

(一)会展旅游的交通票务

旅游必然依赖于交通,而交通的载体则是各类交通工具,无论乘坐哪类交通工具都必须购买相应票证。开展会展旅游活动时,由会展旅游筹委会下设的执委会交通组负责票务工作。然而会展旅游过程中,旅游者拥有自行选择购票的权利,也可采取委托的方式,将购票事宜交由专门的旅行社和票务公司负责。组团旅游时,这项工作通常由组团旅行社具体操作。

(二)会展旅游的交通安排

针对会展旅游所实施的交通管理业务,既包括票务事项,还包括交通安排问题。进行具体操作时,会展方组织会展活动或展后游览时,均会产生较为复杂的交通问题。主要如下:

1. 会展之后参观旅游的交通安排

(1)票务办理

对于组织方或旅行社而言,必须高度重视大型会展活动的交通用车问题,必须进行多方比较,优选较有实力的交通运输公司,在团体订票方面获得最优价格。组织者需要非常熟悉旅行社工作流程及要求。

(2)指定带队陪游人员

会展旅游过程中,需要组织方或旅行社选定一名经验丰富、认真负责的陪游者,由其陪同游客完成整个旅行。

(3)票证处理

当旅行活动、具体行程比较统一时,一般由带队人员负责票证的管理;当行程较为分散时,则需要工作人员等待旅游者到达指定地点或机场后,将票证发到个人手中。

(4)座位分配

这是一项非常复杂且烦琐的工作,需要综合考虑各方面的因素,条件允许的情况下,游客可自行选择。

（5）特殊饮食的提供

为更好地满足游客差异化的饮食需求,需要组织方或代理人员先行掌握游客的饮食情况,特别是他们的特殊需求,并及时将这些信息反馈至交通运输公司,以便于预订相应餐食。

（6）游客的健康问题

为确保游客安全,需要会展旅游组织方及时提供游客健康信息,方便交通运输公司做好充分准备,以备途中出现需要治疗的情况。如果有服用处方药的游客,必须随身携带足够的药品。倘若是国际旅行,还应在原药物包装的基础上,标明生产商、药剂师及药物成分等。

（7）费用计算

针对地面运输费用开展的计算,包含了较为复杂的内容,如最低收费标准、白天与夜间的收费差异、其他相关规定等。如果以里程为单位进行计算,应确定如何准确计算里程,究竟是依据里程表、地图所示,还是依据预先明确的距离,这是由于采用计算方法的差异会引发里程的巨大差异,相应地也会产生收费方面的极大差别。

（8）当出现取消预订的情况时,必须明确应缴纳的费用

由于诸多方面原因影响,组织方有时会被迫取消已预订的运输服务,此时必须考虑如何要回订金。签订运输服务合同后,如果出现重新安排旅游活动的情况,还需要组织方认真计算是否需要补交相关费用。当游客数量足够多时,可采取一次旅行运输预订的方式,有效减少成本支出。旅行社组织会展旅游活动时,还应将参与人数的充足性考虑其中,同时预料到人数不足的情况下会产生怎样的结果。

（9）对乘坐情况进行预算

主要针对参加人数、所需车辆等方面进行预算,尽可能提高预算的准确性,从而对运输线路及车辆数量做出及时有效的调整。

（10）车辆检查应由专人负责

即便是在运输公司制定了较为严格的车辆管理制度的前提下,组织方也需要派出专人对所用车辆进行专门的检查,确保车辆处于良好状态。

（11）司机着装的问题

为提高服务质量,凸显对会展旅游活动的重视,需要司机统一着装。

（12）提供服务员的问题

长途旅行过程中,游客通常会产生疲惫感,或者出现其他方面的需求,这就需要运输公司提供一名认真负责的服务员,为游客提供周到细致的服务,特别是在国际旅行中,其作用和价值更加重要,这是由于游客与司机可能会出现语言方面的巨大差异。

（13）上车的时间和地点

组织方应根据实际情况确定合适的时间与地点,有效减少等待时间。同时还要将时间、地点提前告知游客。

（14）车辆配备麦克风

这是非常重要的事项,旅行大巴通常会配备麦克风,而工作人员要做的是检查麦克风能否正常使用。

2. 参加会展活动的交通安排

除此之外,组织方还应考虑下述几方面的问题:

（1）能否提供接机服务

组织方应为游客提供接机服务。如果是小型会展,接送所用的大巴可用 50 座的。以游客身份的差异性为依据,选择相应的接机车辆。由于这部分费用较高,因此,组织方在提供这项服务前必须进行深入细致的考量。

（2）全面测评交通状况

从机场至酒店的整个路程中,其交通状况如何需要组织方进行实际体验,以验证交通服务的可信度,最好能使用当地交通设施。这就需要组织方做好事前的调查测评工作,准备好相关资料。

（3）能否提供专用交通工具

组织方应从下述三个方面进行考量:一是来回路程的安全性;二是步行平均用时;三是当地天气情况。

步行平均用时 5~10 分钟,并且沿路具有良好的治安保障,道路设施优良,气候较为宜人,此时则更适于步行。特别是在短途步行方面,游客通常是可以接受的。这就需要组织方提前制定科学、具体的步行计划,向游客提供步行参考地图,对沿路的标志性建筑、吸引性的景点进行标识。为便于特殊人群出行,还需要组织方为他们提供相应的小型交通工具。

在实地考察后,如果组织方认为有必要提供专门的区间交通服务,接下来便要考虑服务水准及付费问题。通常情况下,区间班车服务是免费的,由此所产生的费用一般会以会展费和注册登记费的形式冲抵,还可以赞助费的形式由相应公司担负。当住宿酒店较多时,还应制定好车辆往返服务时间表,将该表印于推广资料上,同时将其制作为标牌,立于会展、酒店的醒目位置。

(4)能否安排其他可供选择的路线

为避免交通计划中可能出现的被动局面,还需要再安排可供选择的其他路线,以便于更加快捷地替代原有的路线,保证不会影响到游客的出行和旅游。

四、旅游者对交通的要求

(一)安全

对于个体而言,安全是最基本的需求。虽然游客并不以安全为旅游的目的和要求,但从其心理所需来看,都希望能够平平安安,对诸多不可预测的因素持有忧虑心理,因此非常重视旅游交通安全问题。在现代交通体系中,安全性得到明显提升,发生交通事故的概率显著降低,然而伤亡事故却时有发生。旅游过程中的安全事故可能会导致游客改变行程,因此,必须将交通安全作为头等大事,确保游客出行旅游安全畅通。

(二)快捷

通常而言,旅游时所用时长是有一定限制的。在这一时间段内游客都希望能够快捷、高效地抵达目的地,游览到更为丰富多样、绚烂奇特的景观,然后乘兴而回。由此可以看出,对于旅游目的地及其景点而言,其进入性主要是由交通状况决定的。交通业发展过程中,应有效考量对旅游业所产生的作用,特别是对游客心理的影响,最大限度地满足他们的旅游需求,进而对交通产生正向作用,由此形成良性循环。为此,交通服务需要遵循下述两项原则：

1. 直达原则

游客无不期望尽快到达目的地，为满足他们的这种心理需求，应安排能够快速直达的交通工具，最大限度地减少或避免更换的情况。同时直达还更有利于保证游客人身及财物安全，促进游客获得良好的出行体验，同时也为后续旅游提供有力支撑。

2. 省时原则

这一原则是指旅游交通服务应最大限度地减少旅途所用时间。旅游时人们既关注费用支出，也关心交通工具的用时情况。所以，旅途用时在很大程度上决定了旅游发展水平。

（三）交通环境温馨、舒适

人们之所以开展旅游活动，主要是为了获得轻松愉悦的情感体验，只有在旅途中积极消除游客的焦虑感、疲惫感，才能有利于他们更加充分地进入旅游环节。因此，优良的旅游交通环境有利于游客产生积极的情感体验，此处的环境包括了较为丰富的内容，既包含交通工具自身环境，也包含自然及人文环境。

1. 交通工具自身环境

游客的旅游始于交通工具，因此产生了"旅途愉快"这样的祝词。也就是说游客在乘坐交通工具后，便已经开启了自己的旅途。如果所乘工具宽敞明亮、温馨舒适，游客则会产生良好的乘坐体验；如果噪音严重、颠簸剧烈、内部闭塞、空气浑浊、座位设计不合理、卫生设施缺乏齐备性等，则会使游客产生抱怨不满心理。因此，交运部门应重视交通工具内部环境的创设，使之具备家庭般的温馨。越来越多的车辆、船舶及飞机，都装载了先进的影视设备，同时还向游客提供相关报纸、杂志，从而增添旅途的趣味性。

2. 自然及人文环境

旅游过程中交通自然及人文环境也发挥着重要的作用，其与交通工具自身环境相辅相成。环境过于单调则易产生疲劳感，当外部环境丰富多样、富有变化时，可使游客产生新鲜感，同时还有利于提高司机的注意力。加之旅途沿线风景优美、地貌独特、风光旖旎，游客看后便会心情大好。

五、会展旅游交通存在的问题

旅游与交通向来紧密相连。特别是旅游业日益发达、游客迅速增多的社会环境中,旅游业会产生对交通业日益强烈的依赖和需求。随着旅行方式的日益多元,各种方式的优点和缺陷也日益显现,空中旅行最适宜于中长游,而汽车则适宜于短途游,也是国内游的首选。无论在地区还是国际旅游市场中,汽车均发挥着不可替代的作用。铁路在旅游中发挥的作用较为有限,但在发达国家却很受欢迎,特别是在欧洲,随着高速列车的不断发展,铁路运输能力明显增强。而汽车则是无处不在的,特别是那些较为偏远、其他交通工具无法抵达的地方。然而就数量而言,公共汽车运输仍然占据了总运输量的少数。在水上航运日益发达的环境条件下,其所占份额也有所增加,但整体占比依旧较小。各国旅游业的飞速发展,促进了交通业的快速前行,同时也使交通运输设施面临日益严峻的挑战。具体如下:

1. 交通阻塞问题

随着出行人数的迅速增多,产生了日益严重的交通阻塞问题,也由此形成游客对运输方式的不同选择。尤其是在大城市的公路、机场高峰期,更容易出现交通堵塞的情况,导致游客浪费更多的时间和精力。

2. 安全问题

确保交通安全是保障旅游业有序发展的基础和前提。

3. 环境问题

当一个地区的交通运输能力有限,无法承接人数较多的游客时,其旅游业必然受到限制和影响,盲目发展交通业则会对环境造成破坏。进行交通规划时,需要综合考量经济、社会、文化及环境等方面。

4. 季节性问题

季节的变化也会对旅游业产生不同程度的影响,可能导致旅游设施出现过度拥挤或较为闲置的情况。特别是在旅游高峰期,则会产生更加严重的安全、环境及交通问题。

开展交通规划过程中必须重视以上问题,以免对游客产生不良影响。

第三节　会展旅游游览服务管理

一、会展旅游游览管理

此处的游览指的是在会展旅游过程中,由组织方具体实施的相关参观、考察等。

(一)策划游览项目及路线

针对项目、路线进行相关考察和游览时,需要从下述几个方面入手:

1. 与会展主题形成良好的契合性

这里指的是会展旅游需要与活动目标、主题形成良好的契合性和适应性。

2. 尽量满足参加者的差异化需求

进行项目、路线的策划时,必须综合考虑参加者的兴趣爱好及需求差异,安排那些多数人感兴趣的项目,否则参观游览便毫无价值可言。

3. 接待能力

这里指的是全面考量目的地所具备的接待能力。虽然有的项目、路线较为合适,然而如果当地缺乏足够的接待能力,此时也只能予以取消或改变。

4. 内外有别

如果游客中还有外国人,则需要考虑游览项目是否符合他们的需求,是否会产生相应限制和要求。这就需要组织方全面掌握相关规定,有效体现内外有别,重视保密工作。当游览项目不适于国外游客参观时,则需要婉言拒绝,也可以相应理由予以谢绝。需要申报批准的应向有关部门提出申请。

(二)安排落实

(1)明确游览项目后,还需要积极联系目的地接待方,当对方由于各种原因无法接待时,则需要及时更换项目及路线,确保游览的顺畅性。

(2)拟定具体计划,形成相应游览路线、日期及行程,同时向游客发出及时准确的告知,以便他们做出充分准备。如果是大型会展活动,所安排的游览事项必须在相关通知和邀请函中进行详细、具体的说明,同时列出游览路线,为游客提供多样化的选择。

(3)确保车辆、食宿得到充分有效的安排。

(4)准备必备的资金、物品,如急救药物、对讲机、扩音器等。

(5)当游客规模较大时,可将其进行分组,同时明确各组组长,明晰他们的职责,组长人选也可通过指定方式产生。

(6)还可将旅游项目托付于信誉优良、经验丰富、价格适中的旅行社,通过协商达成共识、签订合同。

(三)陪同

进行考察游览时,还需要派出具有相应身份的人员陪同。只需有工作人员随行即可,无须其他人员的参与。到各处进行参观、考察时,对方应派出具有对等身份的人员,负责游览的介绍及接待。游览时还应配有专业导游,如果游客为外宾,还应配备翻译。

(四)情况介绍

参观游览过程中,需要导游或解说员对每一处进行相应解说。进行情况介绍时,所用到的资料和数据必须准确无误。为外宾介绍时必须对敏感问题加以回避,同时要重视保密内容的保护。为外宾介绍时不能使用下述词汇:请示、汇报、指导、检查等。

(五)提醒注意安全

即便是参观游览也要秉持安全第一的理念。导游或解说员应对可能发生的危险做出及时有效的提醒与警示。针对特殊项目的游览,必须提前做好安全工作,全面、准确告知游客注意事项,每参观一处结束后,必须立即召集游客上车,并且在开车前准确清点人数,以免出现人员走失的情况。

二、会展旅游服务管理

导游所面向的服务对象是游客,由于导游和游客均具有自身的个性特点,因此进行导游服务时,既要严格落实各项服务要求,又要体现个性化特点。

(一)会展旅游导游的特点

会展旅游是一种明显有别于普通观光旅游的活动,其主体虽然也是游客,但他们的消费能力、旅游需求也具有特殊性,这就需要旅游导游人员具备更强的能力素质。

1. 多

由国际大会与会议协会相关规定可知,当会展旅游人数超过 50 人时,才可组织会展旅游活动。从中可以看出,会展旅游活动参与人数明显多于普通旅游活动人数,少则几十人、几百人,多则成千上万人。因此,也应为会展旅游配备相应人数的导游,同时这些导游必须具备相应的控制协调能力,进而在展览旅游活动中发挥良好的主导作用,产生积极有效的影响。

2. 繁

参与会展旅游的人员较为繁杂、人数较多,组织过程中相关环节必然烦琐,同时整体结构也较为复杂。如:当天抵达的参会人员可能来自不同的国家和地区,航班到站时间各不相同,这便完全背离了旅游团队同出同进的规则,同时还要做好接送机的相关准备工作。参会人员构成较为复杂,这就需要活动组织者对他们进行全面、详细的了解,并做出周密详细的安排。此时,普通旅游的流程及要求无法适应这一特殊情况,导游人员只有通过特殊培训,全面科学地掌握展览旅游接待工作,才能胜任这项工作。

3. 高

作为公务活动的一种特殊类型,会展活动中的参与者均代表了某一特定组织,他们的经济、社会和文化层次,要明显高于一般旅游团队。因此,不能按照普通团队标准进行管理,需要在文娱活动方面下功夫,最大限度地满足他们的个性化活动需求,尤其是以他们的工作要求为参考,为他们提供相应旅游服务,使他们产生难以忘怀的记忆。

(二)会展旅游导游应具备的基本能力

1. 独立工作能力

当导游接受任务后,就要凭借自己的专业能力、综合素质独立承担起游览参观的整个事宜,特别是对于某些安排,必须独立决策,并独自面对所有临时问题。这也是导游所必备的一种能力,也就是旅游计划的组织实施,从而确保旅游活动全面展开,完整实现。

2. 组织协调能力

导游服务过程中,需要导游人员合理安排游客生活,有序组织游览活动。这就要求导游人员加强与饭店、景区等相关人员的沟通合作,具备相应组织协调能力。在整个导游工作中,还需要地陪、全陪、领队的有机配合、协同合作,共同完成导游任务。

3. 随机应变能力

由于受到各种因素的影响,游览过程中可能出现各种问题,各类突发事件及事故的发生也是难免的,如交通事故、游客走失等,这就要求导游具备良好的心理素质,能够临危不乱,既要安抚游客情绪,还要及时寻求相关部门的帮助,促进问题的解决。

除此之外,相关主管部门应构建起科学、完善的监督体系,组织方应建立起完善的服务质量检查机制,形成长期高效的标准,严格按照标准要求进行监督检查,确保服务质量的不断提升。旅游行政管理部门应积极参与,以行业管理视角加强对旅游服务质量的监督检查,积极受理相关投诉。

(三)会展旅游导游服务管理

开展导游服务管理的根本目的在于增强游客对服务质量的感知度和认可度。出于确保服务质量、促进服务管理有序实施的目的,需要组织方进一步强化对导游的管理,可从以下几方面入手:

1. 爱国主义思想

为游客提供专业高效、及时热情的服务,坚决维护国家利益,捍卫民族尊严。

2. 法治意识及职业道德

严格遵守职业纪律、恪守职业道德,积极遵从社会公德,定期检查自身工作情况并予以改进,持续提升服务能力及质量,有效维护游客合法权益。针对游客提出的虽然合理但不在计划内的要求,则要及时提报主管部门,获得批准后最大限度予以满足。

3. 优良的协同配合及应变能力

需要导游具备精准、形象、生动、高效的语言表达能力,还要会灵活运用礼貌用语。

4. 广泛的知识储备

特别是在政治、经济、历史、民俗等方面,应具备相应知识。

5. 仪容仪表得体端庄

旅游服务人员需要穿着正装,或者是指定服装,行为大方稳重,表情亲切自然,态度诚恳谦逊,尽量避免不合礼仪情况的出现。

在不断强化导游专业能力、综合素质的同时,还应构建起科学的监督检查体系,组织方应设立相应检查机构,针对导游服务质量展开全面、具体的检查,形成长效检查机制,建立起高标准检查体系,可采取常规和突击两种检查方式。

此外,需要旅游行政管理部门积极指导并深度参与其中,以行业管理视角审视导游服务情况,同时进行相应检查,及时受理相关投诉。

第四节　会展旅游购物与娱乐管理

一、会展旅游购物管理

通常而言,游客以自身喜好为依据,进行相关购物活动,组织方对此应持理解、包容态度,不能过多干预。同时会展旅游是一种非常宝贵的商务旅游资源,购物行为的意义和价值远非休闲旅游可比。就我国旅游商品及商店现状而言,组织方并未提供必要的购物信息,需要在这方面做出一定的改进,特别是在商业城市组织的会展活动,更需要将购物作为重要的内容和目的,这就需要组织方提供尽可能丰富的商品信息以及各大购物中心的情况。

同时为游客提供针对性的购物指南,提升游客购物积极性。

二、会展旅游娱乐管理

组织方为游客所提供的各类娱乐活动,如各类晚会、演出等,便是会展旅游娱乐的管理,进行娱乐活动的安排时通常应全面考量下述问题:

(一)是否安排娱乐节目

组织方应全面分析娱乐活动与会展意图、主办方形象之间的相关性,从而对娱乐节目做出高效、合理的安排。如果节目未经细致、周详地规划,则会使游客有应付之感,同时也会导致主办方资源的浪费。对于游客而言,这种娱乐节目其实是一种额外的福利。如果会展旅游是营利性质的,那么这些娱乐节目可以有效吸引参与者;如果是非营利性质的,则需要组织方全面考量活动意图、主办方情况及所需资金等。

(二)预算是否包含娱乐节目经费

通常而言,娱乐节目经费应含于会展旅游预算中。但在组织方与主办方协商过程中,必然会对最初的预算做出些许调整。当成本低于原预算时不会导致任何问题,但实际所需成本更高时,组织方则需要尽快调整预算情况。预算除了演员报酬、相应补助外,还有与娱乐节目有关的成本支出。

(三)应该安排什么类型的娱乐节目

进行娱乐节目的安排时,应选择那些与会展活动、旅游主题紧密度较高的内容,形成对主题的鲜明阐释,否则说明节目并非最优选择。同时娱乐节目应根据参会者的需求进行选择。

(四)娱乐节目是否需要专业演出公司代理

只有专业演出才能体现表演的专业性、差异性。因此,组织方应加强与专业演出公司的合作,由此可能导致所需成本较高,然而,如果仅凭组织方自身的力量,则会付出更高的成本,流程也会更加烦琐。因此,可将娱乐节目外包,将其交由专业演出公司处理,既有利于确保演出质量,又有利于节约组织方的人、财、物等。

（五）应该选择怎样的专业演出公司

通过对比分析,选择那些实力强、信誉好、质量优的演出公司,着重分析他们的演出资格、政府许可、曾演节目、评价或获奖情况等,由此做出相应选择。

（六）是否应该就娱乐节目安排签订正式协议

应高度重视签约过程,明确正式协议所包含的内容,以免纠纷的发生甚或是法律行为的出现,同时还有利于双方更好地落实协议中的各项内容,如演出日期、报酬、成本及取消事项等,从而增强双方的责任意识。

（七）娱乐活动举办地有哪些可以利用的娱乐设施

根据实际所需,演出所用舞台既可以是简单的高台,也可以是设备完善的剧院,可提供帘幕、通道、灯光及音响等。组织方应全面了解这些情况,明确举办地所用设施设备功能及可发挥的作用,如果需要提供相关乐器、道具等,则需要组织方进行充分、有效的准备及调试工作。

（八）预定娱乐节目不能演出应做何处理

受到各种因素影响,可能出现预定节目无法演出的情况,导致游客无法实现其愿意。此时,需要组织方尽快制定及时有效的应急方案,可基于游客兴趣、补救所需及可能性等情况,做出相应布置。

第五章　会展旅游危机、信息与中介管理

第一节　会展旅游危机管理

一、会展旅游危机管理的内涵

会展旅游危机,指的是能够对会展旅游者的思想、情绪、观点产生消极影响,减弱其对目的地的信心,并对该行业发展产生负面作用的所有偶发性事件。这类事件可能通过多种类型、样式表现出来,并长时间持续发生,导致行业企业发展受到不利影响。

会展旅游危机管理,指的是出于减少或避免危机事件负面影响的目的,对事件实施的非程序化的分析决策,由此生成的相应活动和行为。主要是为了对危机的探究、分析、预警和救治,更好地恢复会展旅游运营环境,提振

游客对目的地的信心,同时将危机所产生的消极影响限定于最低水平的一系列活动和行为。

从会展旅游危机管理所涉及主体来看,其包含了政府部门、相关企业、行业协会、主管机构、从业者等,仅凭单个主体所构建的危机防范体系是无法实现对危机的有效管理的,需要各主体间分工协作、协同配合,构建起综合运行机制。各主体的职能作用具体如下:

(1)政府。主要是通过宏观调控、科学指导,对可能出现的危机进行分析预测,并予以针对性地控制,以防危机的出现,同时最大限度地弱化消极影响。

(2)会展旅游企业。这是一类极具敏感性的行业,从该行业在我国的发展现状来看,存在经营项目较为单一、发展规模普遍较小的问题,会展旅游企业很难实现风险的分散。为此,必须进一步强化行业企业的规模化经营、集团化发展,持续增强企业风险抵抗力及发展实力。此外,还应组建专门的危机管理部门,增强危机管理意识,构建起科学高效的危机管理制度。

(3)会展旅游主管部门应立足实际所需,构建起针对性、高效性的危机应急机制,积极发挥自身职能作用,重视行业专业人才的培育,强化各参与主体间的协同合作,增强危机防范能力。

(4)会展旅游从业人员,需要这类人员主动学习会展旅游相关知识,积极参与相关培训,形成科学的危机理念,增强危机防范意识,提升应变能力,更加自主地参与到会展旅游活动的危机救治中。

二、会展旅游的危机识别

应对危机的首要工作便是避免危机的发生。在会展旅游危机管理中,应于危机发生前进行充分、有效的准备,为此,应组建专门的管理部门,负责潜在危机的辨识和评估工作。通常而言,这一部门由专管人员、企业高层组成,主要职责有:收集、整理各种危机数据,保持与相关安保部门的联系,加强与相关部门的协同配合,制定科学、高效的危机处理举措。因此,这一部门是开展危机识别和应对的重要前提。

实践证明,会展旅游危机管理过程中,所有工作都是基于危机识别展开的,这就需要工作人员全面考虑、综合分析会展旅游影响因素,以及由此可能产生的消极影响。为此,必须投入大量时间、精力,识别工作必须始于会展旅游实施的初始阶段。同时,还需要危机管理人员明确潜在危机所在、由此可能引发的风险以及风险的影响与后果,在此基础上对它们进行分类。

(一)会展旅游危机识别的方法

为了全面开展危机识别工作,工作人员可以从以下几方面入手:

一是历史资料。若非首次组织有关会展旅游,可通过对以往资料的回顾,实现对旅游危机的识别。归纳总结现有的历史资料,全面掌握各届会展旅游的详细过程,了解出现过的危机情形,明确各种有效应对措施和解决方式。从而为本届会展旅游提供有益借鉴。

二是头脑风暴。指的是会展旅游危机管理部门针对某一问题进行集中讨论,首先进行充分、有效的准备,然后参会者畅所欲言、高效交流,促进思想的碰撞、理念的更新、思维的活跃,提出各种创造性的意见和建议,提出所有可能存在的危机情况。

三是请教专家。此处的专家通常是指具有丰富经验和专业能力的组织者,或者是在危机管理方面具有权威性的资深人士,抑或是长期从事该领域研究实践的专业人员。管理人员通过向他们虚心请教,可提升自己的工作能力和质量。

四是请教一线工作人员。在会展现场开展工作的人员通常被称为一线工作人员,如为会展旅游提供服务的现场工作者、司机、导游、接待人员等。他们通常长期进行这方面的工作,虽然不是专家,但积累了非常丰富的现场经验。可采取直面交流、局部调查等方式,对常规检查中未能识别出的风险加以辨识。

五是现场踩点。管理者应立足旅游实际需求及具体安排,对现场进行踩点体验,获得亲身感受后更加深入地发掘潜在危机,并予以识别。

就理论层面而言,凡是可以有效提取危机信息的方法,均可当作识别危机的有效工具,常用方法有德尔菲法、核对表法等。但在实际识别时,还需要管理者创新方法,破除原有的限制和束缚。

（二）会展旅游潜在危机分类

利用多样化的方式方法,管理者会积累丰富的危机识别案例,它们并非杂乱无序的,而是有一定规律可循的,管理者需要进行深度发掘,然后进行危机的分类。

基于会展旅游危机产生主体的差异性,可将危机分为内部和外部两种类型,前者指的是会展旅游内部由于自身疏忽等原因导致的危机事件,如安全措施不到位而引发火灾、拥堵和踩踏等;服务质量不佳引发旅游者的不满;由照明、卫生等原因导致的预警、通信系统运行不畅;各种突发疾病、医疗事件等。

外部危机指的是由经济主体之外的环境所引发的危机,可细分为两大类型,即自然型和人为型。前者指的是由自然引发的、无法抗拒的灾难,如地震、洪水、飓风等;后者指的是由人为因素导致的危机,如政治、经济等因素引发的危机。具体而言,政治性危机指的是国家由于政治动乱、陷入战争和国际纷争等原因而导致的危机;经济性危机指的是由于受到经济波动影响而产生的危机。

一般而言,自然危机是难以避免的,人为危机存在较大的偶然性,所产生的消极影响也会更严重,导致旅游者失去对目的地的信心。

三、会展旅游危机管理工作步骤

（一）加强危机管理教育

对于会展旅游企业而言,通过危机管理教育可实现对危机的有效预防。采取丰富多样的形式加强对员工的危机管理教育,增强他们的危机意识,提高其危机预控能力,形成"居安思危"思想,不断强化他们的主人翁意识,使全体员工提高对危机前兆的识别能力;通过创设相应危机情景,引导员工模拟训练,增加对不同危机前兆的接触机会,丰富相应知识和技能。实践证明,只有不断增强危机意识、强化应对能力,才能提升全员风险抵抗能力,确保会展旅游服务持续优化和改善,在不断改进和精进中提升会展旅游企业发展质量和信誉水平。

(二)建立危机管理机构

会展旅游企业应采取科学有效的措施,对企业潜在风险及危机进行正确的评估,明确发生的可能性,为提高评估的准确性,需要会展旅游企业高层积极加强与行业管理部门的合作,共同组建危机管理机构。及时收集、准确分析与危机相关的数据信息,强化与其他安保部门的联系,更加及时、准确地预测、预防危机,实现对危机管理的高效协同,提高处理的针对性、成效性。

(三)建立危机预警机制

会展旅游预警机制指的是组织方通过政治、商业、自然等相关环境的分析和预测,明确它们的风险指数,全面剖析危机发生的可能性,以及由此造成的影响和后果,增强预判的科学性,当危机前兆发出时可有效识别并发布预警,企业及旅游可据此对危机进行预测并采取有效的预防措施。可基于下述步骤构建起危机预警机制:

(1)收集会展旅游预警指标;

(2)接受并检查预警指标;

(3)分析和处理预警指标;

(4)危机管理机构发布并警示潜在的会展旅游危机;

(5)必要时要对危机管理计划进行预演排练,并不断修正和完善。

(四)会展旅游危机应急与处理

1.加强媒体合作,发布危机信息

以诚信、透明的态度与各类媒体沟通,可设立一个新闻中心,适时地向社会公众发布客观、准确、诚实、透明的危机信息,既不能夸大事实,也不能为了达到某种目的而隐瞒或扭曲事实,防止谣言和小道消息的散布,最大限度地消除会展旅游者的恐惧心理。

2.控制危机发展态势,制定安全保障措施

(1)危机管理机构发挥快速信息沟通、快速判断、快速反应、快速行动和快速修正等一系列组织能力,及时采取措施防止危机扩大。

（2）任命专人负责与政府和会展旅游主管部门进行安全保障方面的联络,制定安全保障措施。

（3）建立危机监测系统,必要时应组建能用多种语言提供服务的旅游警察队伍和紧急电话中心,随时对危机的变化做出分析判断并采取应急措施。

3. 保持客户沟通,巩固企业形象

（1）以电话、传真、互联网及各种新闻媒体等方式,与客户保持沟通,向他们通报企业的情况,争取客户的理解和支持,保持客户对企业的信心,为危机解除后开展新的会展旅游业务做好准备。

（2）根据自己的实际情况,配合政府和媒体,做一些有利于树立企业良好形象的广告宣传,吸引公众的注意,巩固甚至提升企业形象。

4. 采取应急措施,化解危机

（1）建立企业突发重大事件储备金,同时与保险公司合作,投保重大突发事件险种,转移风险。

（2）对于有重要人物参加的会展旅游活动必须对展览现场和会展旅游路线进行安全检查,布置好安全保卫工作,配备专业医护人员和救护设备。

（3）对于会展旅游者的信息安全和财产安全也应采取措施予以保障。

（4）对于政治危机事件,必须加强与政府和会展旅游主管部门的联系及合作,通报危机事件的进展情况,配合政府的安全应急措施行事。

（5）强化危机管理领导小组的职能,保障展览现场设施安全,提供医疗服务,解决参展商的突发性问题。

5. 变危机为生机,寻找新的发展机遇

会展旅游危机给会展旅游企业带来的不只有损害,也可能带来一些新的发展机会。会展旅游企业应充分把握这些机会,变危机为生机,使企业获得新的发展机会。

（1）利用危机期间的经营淡季,抓紧时间对员工进行全面培训,提高员工的专业化素质。这样在危机过后,企业的服务和管理能够上一个台阶,吸引更多的顾客,从而弥补在危机中遭受的损失。

（2）对硬件设施进行更新改造,增强企业的发展后劲。

（3）资金雄厚的大企业可以较低的收购成本进行购并,走专业化、规模化、集约化的经营发展道路。

（五）会展旅游危机事后恢复

随着会展旅游危机事件的全部终结或完全消除，危机管理才真正宣布结束，需要管理人员积极回顾整个危机事件，重点开展事后恢复工作，同时全面总结危机过程。针对会展旅游危机的管理主要是为了主动应对、积极处置危机情况，以防蔓延情况的出现，降低由此引发的损失。而危机事后恢复则是指采取针对性措施，保证已发生的损失得到及时有效的挽回。组织方应全力配合政府、相关部门，不断提高各种媒体利用率，针对会展旅游目的地实施全面、深入的宣传，树立良好的形象，提振会展旅游者的信心，使他们更加相信旅游目的地的发展潜能与机会。如有必要还可请出国家或地方的主管领导，面向主办方、客户开展针对性的宣传，以达到促销的目的。同时，会展旅游企业还应加大全面复苏、积极发展的力度，使自身在国内外市场中均得到复苏发展。由于受到危机事件的影响，企业利润效益也会受到不同程度的影响。因此，危机事件发生后，需要企业充分发挥能动性和创新性，收集、整理、分析相关资料，明确各种类型的客源市场，然后采取相应对策，及时调整会展旅游产品构成及其价格，可向相关媒体、作家、批发或代理人等发出邀请，引导他们进行实地考察和游玩，从而达到畅通渠道、促进消费的目的。从内部相关方面来看，重振员工信心是非常有必要的。在这一阶段中，还可充分利用企业文化，增强员工对企业发展的信心和勇气，促进企业凝聚力的提升，进而制定针对性的企业发展战略，实现对全新线路、项目、产品的开发。

（六）会展旅游危机事后总结

针对危机进行归纳总结时，需要组织方先行概括危机事件的发生及管理情况，同时，适度总结危机预控等各项工作，如：危机预警机制作用的发挥情况，在危机管理中的功能体现情况，存在的问题和不足，相比于成本支出合算与否；这一过程中危机教育的功能作用有何体现，需要从哪些方面进行进一步优化和完善；构建的预警系统能否发挥预期作用，人们对此的重视程度如何，采取了哪些科学有效的措施加以应对。

（七）建立更有效的危机预防机制

完成相关总结后，组织方还应及时回顾、全面分析危机处理的整个过程和具体环节，反馈前述预防系统的表现，为危机管理机构提供有力帮助，修复预防系统中存在的问题和失误，针对性调整、优化危机预防机制，从而构建起更为科学、高效的预防机制，不断增强危机管理预案的预测性和实操性，使之更具指导价值，为下次会展旅游危机的防范、应对提供有益借鉴。

四、会展旅游危机处理

（一）会展旅游危机处理的原则

1. 经济性原则

经济性原则指的是针对危机的处理应秉承成本最低原则，但必须在确保质量的前提下，采取最具经济性、科学性的方法措施，以期最大限度降低损失及费用。

2. 确保安全原则

在无法确保安全的情况下，是无法成功举办会展旅游的，需要管理者切实关心会展旅游者各方面的安全问题，采取科学高效的措施，消除可能存在的一切隐患，尽量少发生或不发生危急情况。

3. 友好周到原则

负责会展旅游接待的服务人员，应以细致友好、认真周到的态度提供服务，进而提升旅游产品可信度。危机处理过程中，需要换位思考对方需求，切实考虑会展旅游者的感受，提供及时亲和、周到细致的服务，促进危机的化解。一定不能出现与游客争吵的情况。

4. 切实可行原则

如果会展旅游者无法及时满足相关需求时，必然会产生不满情绪，极易引发各种纠纷，甚至会受到他们的投诉。因此，针对这类事件的处理，必须将措施的可行性作为首要考虑事项，不能随意答应旅游者的要求，如果是不合理或无法实现的要求，则应给予耐心、具体的解释，尽量大事化小、小事化了。

5.及时果断原则

危机处理过程中需要工作人员具备优良的能力、素质,能够灵活应对各种突发事件,冷静分析、清晰判断、合理解决。具备透过现象发现本质的能力,及时发现问题的根源所在,采取有力的措施,尽快将危机处置完毕,以防危机的蔓延。

6.社会责任感原则

针对会展旅游危机的处理,需要综合考量危机所带来的影响和后果,特别是对周边人员、单位、环境的影响,应积极遵守各项法律法规,积极参考国际惯例、旅游合同以及其他相关法律规定,如《中华人民共和国消费者权益保护法》《旅行社管理条例实施细则》等。

(二)会展旅游危机处理的方式

1.回避危机

回避危机是指当危机发生可能性很大,不利后果也很严重,又无其他策略可用时,主动放弃或改变会展旅游项目或行动方案,从而规避危机的一种策略,比如,在发现有鲨鱼的踪迹后取消相关的海滨游玩活动。在采取回避策略之前,必须对危机有充分的认识,对威胁出现的可能性和后果的严重性有足够的把握。采取回避策略,最好在会展旅游活动项目尚未实施时进行。放弃或变更正在进行的项目,一般要付出较高的代价。

2.预防危机

预防危机与回避危机相比更为主动,它并不是完全地避开,而是管理人员采取一系列的措施从而预防某一危机的发生。例如,节事旅游期间安排了观看球赛,组织管理者可以事先要求观看者不得携带瓶罐入场,以免发生扔砸事件。

3.减轻危机

减轻危机主要是为了降低危机发生的可能性并减少后果的不利影响。例如,会展旅游期间若有郊游安排,那么组织管理方应考虑到天气的影响,可以携带一定数量的雨具。在减轻危机中,要集中力量专攻威胁最大的那些危机。有些时候,高风险是由于风险的耦合作用引起的。一个危机减轻了,其他一系列危机也会随之减轻。

4. 分担或转移危机

分担或转移危机的目的不是降低危机发生的概率和不利后果的影响力,而是借用合同或协议,在危机事故发生时将损失的全部或一部分转移分担到第三方身上。采取这种策略所付出的代价大小取决于风险大小。当资源有限,不能实行减轻和预防策略,或者危机发生频率不高,但潜在的损失或损害可能很大时,可采用此策略。

5. 危机自留

有些时候,可以把危机事件的不利后果自愿接受下来。自愿接受可以是主动的,也可以被动的。由于在危机管理中对一些风险已经有了准备,所以当事件发生时可以马上执行应急计划,这是主动接受。被动接受危机是指在危机事件造成的损失数额不大,不影响大局时,将损失列为费用的一种。危机自留是最省事的危机规避方法,在许多情况下也最省钱。当采取其他危机规避方法的费用超过风险事件造成的损失数额时,可采取危机自留的方法。

如果会展旅游危机是因参与者对某一问题不能达成共识而引起的纠纷,还可按以下方式解决。

一是协商。双方当事人根据事实,按照政策法规,客观地分析纠纷产生的原因,理智地对待自己和对方,在平等的基础上互谅互让,求得纠纷的解决。协商可以发生在旅游纠纷发生后、仲裁机关审判过程中和人民法院判决前。

二是调解。会展旅游纠纷双方当事人在第三方参与下,进行商讨,由第三方按照自愿、合法、公正的原则从中协调,求得旅游纠纷的合理解决。旅游纠纷经过调解达成协议,应制作调解书。旅游纠纷的双方当事人和调解人要签字盖章,而且还要加盖调解单位的公章。调解书具有法律效力。

三是仲裁。会展旅游纠纷当事人发生旅游争议,自行协商不成时,请求无利害关系的第三方依据事实和法律法规,按照仲裁程序,做出对争议双方都有约束力的裁决。

四是诉讼。会展旅游纠纷当事人因旅游纠纷向人民法院审判庭起诉,由人民法院进行审理、判决。

第二节　会展旅游信息管理

信息是指参与生产过程,能帮助制造产品并能交换的知识,即消息、情况、信号、指令、情报等。信息一词源于拉丁文,意思是解释、陈述,是系统中传输和处理的对象。目前,信息已成为管理会展旅游生产和运行等经济活动的重要依据。

在进行会展旅游安排时,信息管理是不可缺少的考虑环节。所谓信息管理,其过程不仅是收集信息,方便各项活动的开展,还包括有效地利用信息以谋划未来。

一、会展旅游信息的分类

有关会展旅游的信息来源众多,数量巨大,所以信息管理的第一步就是要求会展旅游的相关人员对所有信息进行合理分类。总体上,我们可以从会展旅游参与者、会展旅游目的地及相关服务这两方面对所有会展旅游的信息进行分类。

(一)会展旅游参与者信息

对会展旅游参与者的信息收集是十分必要的。一方面,组织方可以通过分析参与者的信息,明确主要参与人群及其行为特征,在总结中谋划未来,提高每次会展旅游产品及服务的质量;另一方面,此项信息也有助于安排提供个性化的贴心会展旅游产品,最大限度地满足会展旅游参与者的需求。

在会展旅游参与者信息的收集中,我们通常需要明确以下内容:会展旅游参与者的姓名、性别、出生年月;所在地区,所在单位或机构;联系方式,习惯语言选择;通过何种渠道了解会展旅游信息;特殊旅游要求(如餐饮方面是否有严重过敏食物,是否为素食主义者等);参加会展旅游的原因;会展旅游产品的选择偏好(如城市参观、周边景区游玩等);理想中本次会展旅游目的地的选择;会展旅游交通方式的选择;会展旅游价格区间的选择;会展旅游的时间安排;会展旅游的组织方式;对本次会展旅游的评价;对下次会展旅游的建议等。

(二)会展旅游目的地及相关服务信息

与参与者信息并重的还有会展旅游目的地及相关服务信息。此类信息可以很好地保证团体旅游活动的顺利组织,而且也为个性会展自助游提供颇具价值的升值服务。

在会展旅游目的地及相关服务信息的收集中,一般需要明确以下内容:会展旅游相关目的地介绍,目的地景点介绍,当地交通介绍及当地交通示意图,票务服务,酒店预订,餐饮推荐,购物推荐,旅游专线推荐,治安、医疗求助介绍,旅行社、导游服务等。

二、会展旅游信息的处理

尽管信息处理工作早在计算机广泛应用之前就已经存在,但对于现代高度社会化的大生产来说,采用电子计算机进行信息处理,更有利于搞好各项会展旅游生产、运行和经营活动。

(一)会展旅游信息处理的要求

要使信息有效地为自己服务,会展旅游企业必须抓好信息的获得,以及信息更新和运用中的"宽、精、快"的要求,因为这是信息处理要求的核心。收集的信息面要宽,要尽可能多地拓宽信息渠道,尽可能多地占有信息。在收集信息的基础上,会展旅游企业要建立动态信息更新系统,及时、真实地反映会展旅游最新情况。对各种信息要精心选择,各归其类。会展旅游企业要注意结合本地会展旅游实际,结合本公司经营特点进行信息处理。对收集到的信息要抓紧利用。谁在最短时间获得信息并能充分利用信息,谁就在市场竞争中掌握了主动权、占据了优势。

(二)会展旅游信息处理的内容

基本上,会展旅游信息处理包括相关原始信息的收集、加工、储存和传递这四个环节。

1.会展旅游信息的收集

信息收集工作直接关系到信息处理工作是否能避免因信息量不足而造成的失误。会展旅游信息收集的具体方法可以参考如下方法:

(1)会展旅游信息登记,即在会展旅游活动之前或之后,由组织方安排专门工作人员对旅游者的相关信息通过填表或对话问答的方式进行收集;

(2)间接摘录,即广泛阅读各类报纸、杂志及网页,对其中有用的信息进行摘录,以便分类储存;

(3)市场调查,即通过观察法、询问法、问卷法等市场调查手段进行信息收集;

(4)参加情报网或旅游网站交流,即参加世界各地的情报网,收集与本部门有关的信息,特别要关注同行业的情报网站;

(5)收听、观看广播电视,即利用广播电视信息传递快速便捷的特点,从中捕捉有关信息;

(6)购买信息,即向信息服务单位有偿索取所需信息;

(7)采集信息,即配备专职或兼职信息员,如聘请顾问组成智囊团,由他们提供信息或通过出谋划策来获得信息。

2.会展旅游信息的加工

所谓信息加工是指将收集来的信息按照一定程序和方法,进行分析、分类、判断及编写的过程。会展旅游信息的加工办法有:集中归纳法,即把信息按一定的目的集中在一起,并加以分类归纳,以反映某一个会展旅游问题的方法;纵深排列法,即围绕某一个会展旅游问题,把信息按照事件发生的过程逐一排列,以搞清来龙去脉的方法;横向比较法,即围绕某一个会展旅游问题,把杂乱无章的众多信息从横向加以连接,并做出比较分析的方法;图表示意法,即将收集到的信息,按其内在规律绘制成图表的方法,这种方法描绘的结果形象、具体、有感染力。

3.会展旅游信息的储存

对各种有价值的信息,在收集加工之后,要采取各种方法把它们储存起来,以便查阅备用。常用的方法有:卡片制,即用人工的方式将信息记在卡片上,分类保管,这种方式随着信息量的扩大、科学技术的发展,在现实操作中已经较少使用;电子计算机存储,即将有关信息通过计算机软件和网络技术保存起来,这是现代会展旅游业偏好的储存方式。

4.会展旅游信息的传递

将分类、排序好的信息按不同需要传递给会展旅游组织单位中的各个部门,从而构成会展旅游信息流。旅游信息的传递可以依靠相关软件、网页与网络的建立。就网络而言,又可以细分为内部网和外部网。会展旅游参与者的相关信息可以限制在组织部门内,也就是在内部网络上传递分享,以便指导日常工作;旅游目的地及相关服务信息则可以进一步适当扩大至外部网络,由会展旅游组织部门及自主会展旅游者共享。

三、会展旅游信息系统的建设

为了更好地适应当前形势,对会展旅游的生产、运行和经营活动进行科学管理,更好地体现服务客户的宗旨,会展旅游组织部门还必须开发一套科学、高效、客户化的信息系统。

在会展旅游信息系统建设中,全面的旅游参与者信息库,以及定期更新的会展旅游目的地及服务信息库,是其基础,也是其核心,必须花大力气进行重点建设。会展旅游信息系统的建设成果可以为会展旅游组织方提供信息指导,并进一步在会展旅游具体安排实施中得到运用。会展旅游参与者通过亲身体验,享受了游玩的过程,会展旅游组织方需要重视对会展旅游参与者的后续调查,促进有效信息反馈的形成,并根据反馈更新相关的信息。会展旅游信息系统的建设就是在这样一个循环往复的过程中得到加强的。信息系统建设是一个连贯、渐进的过程。一次性完善信息系统几乎是不可能的,即便有可能一次性完善信息系统,也只是暂时的。随着环境的变化,信息需要循环提升。会展旅游组织公司需要足够重视对信息系统建设的实时跟进。

第三节　会展旅游中介管理

一、会展旅游中介分类

中介人也称经纪人,是指为买卖双方牵线说合,促进交易而从中收取佣金的人。

我国广东省经纪业起步较早,1988年就颁发了第一批经纪人许可证。经纪人在企业经营中担当着重要角色,它对企业经营的成败起着关键作用。

所谓中介组织,则是指那些介于政府、企业、个人之间,为市场主体提供信息咨询、培训、经纪、法律等各种服务,并且为各类参与主体提供协调、评价、评估、检验、仲裁等活动的机构或组织。

(一) 根据会展旅游中介的服务分类

1. 公证仲裁型

这类会展旅游中介具有评价和审查会展旅游企业行为,确保会展旅游企业开展公平公开竞争,规范和帮助社会或个人维护合法权益的监督职能。如律师事务所、会计师事务所、审计事务所、公证和仲裁机构等。这些监督性的会展旅游中介,往往兼有官方和民间的双重职能。中介本身属于民间性质,但在政府转变职能(即由原先的直接管理转为间接管理)后,它承担了一部分政府职能,并同时具有公证、仲裁的职能。

2. 信息交流型

信息交流型的会展旅游中介是指为会展旅游企业提供多方面预测、报价、技术、信息等服务的咨询性组织,如各类信息中心、技术交易所、报价中心、计算中心等。这类会展旅游中介多数是为会展旅游企业参与市场竞争进行穿针引线、探听虚实的前瞻性服务工作,因此颇受会展旅游企业的欢迎。

3. 行业协会型

行业协会型的会展旅游中介是指由会展旅游相关企业组成的行业内部

自我管理、自我服务的商会、协会等自治性服务组织,如会展业协会、展览业协会、会议旅游协会等。它们一方面维护组织成员的合法权益,开展相互间的经济信息、市场预测、法律咨询、人员培训等服务;另一方面也根据市场规则和政府的政策、法规,制定行规和公约,约束行业内成员的市场行为。

(二)根据会展旅游中介的性质分类

1.官方性质的会展旅游中介

该联盟的作用是:建立行业自律机制,维护行业利益;联合主办、承办各类会展活动;组织培训会展相关专业人才;加强与国家有关部门的联系和协调;积极开展国际交流;为成员单位做好各类会展活动的组织服务工作等。

2.民间性质的会展旅游中介

这类中介是自上而下组织起来的产业性组织。其中,会展业协会、展览业协会、会议旅游协会等最为典型。

3.经营性质的会展旅游中介

如咨询公司、劳务公司、律师事务所、保险公司等。

此外,会展旅游中介的分类还可以从会展旅游中介的功能、职能等方面入手,在此不做具体展开。

二、会展旅游中介服务

会展旅游中介服务是指能给会展旅游所有参与者带来某种利益或满足感的、可供有偿转让的一种或一系列活动,它渗透在会展旅游的方方面面,贯穿于会展旅游的始终,是会展旅游不可或缺的重要组成部分。会展旅游中介服务既包括各种中介组织提供给会展旅游公司的直接服务,也包括中介组织提供给会展旅游参加者的直接服务。

随着我国会展及会展旅游业的迅速发展,优质的会展旅游中介服务正日益成为会展旅游竞争最为锐利的武器之一。通常,较为常见的会展旅游中介服务包含以下几方面内容。

1.竞争保障

为保证会展旅游市场公平竞争、平等交易,评价、审查会展旅游企业行为,维护各会展旅游企业的合法权益,扩大各会展旅游企业彼此间的交往,中介组织提供了相应的配套服务。从事竞争保障工作的典型中介组织有会计师事务所、审计事务所、资信评估机构、行业协会、同业协会,以及其他具有监督性质的组织等。

2. 仲裁协调

为反对弄虚作假欺骗会展旅游消费者,调解会展旅游市场纠纷,保证市场正常运转,中介组织往往需要站在第三者的立场,提供可信的仲裁协调。从事仲裁协调工作的典型中介组织有律师事务所、公证处、仲裁机构、消费者协会等。

3. 信息咨询

为促进会展旅游市场发展,帮助旅游企业有效收集各类会展旅游信息,并提供令会展旅游消费者满意的增值服务,各类信息服务机构等中介组织经常在会展旅游组织过程中扮演中介角色,为会展旅游企业提供大量信息支撑。

4. 保险、广告

旅游涉及与各方面的交流,在旅游的过程中安全是第一位的,为了能更好地保障会展旅游者的利益,保险服务起着举足轻重的作用。提供此类服务的中介组织主要是专业保险公司。另外,会展旅游也需要适当的市场营销,以扩大其影响范围,因此,广告服务机构等营销中介的外围服务也显得十分重要。

5. 人员支持

会展旅游尤其是在大型会展旅游的人员参与面十分广泛。在会展旅游组织的过程中,有时会需要专业人员支持,如语言翻译方面,需要中介组织提供相应的人员培训或是直接提供专业人才参与操作。从事人员支持工作的典型中介组织有人员培训机构、人才交流中心等。

6. 评估总结

会展旅游活动的举办是否成功,需要后期对其进行评估检查。对会展旅游活动进行评估检查的主体工作可以由会展旅游组织方自主进行,但为了更能体现客观、公正,评估也经常外包给专业中介组织,由其提供一系列的跟踪评价。从事评估总结工作的典型中介组织有专业顾问公司、专业评估机构等。

第六章　会展旅游发展策略研究
——以河南省郑州市为例

第一节　河南省会展业发展现状

一、河南省会展业竞争力分析

(一)河南省社会经济发展综合条件

近年来,河南省国民经济得到持续、快速、健康的发展,经济总量连年增加,人均收入水平不断增长,经济发展的同时开始注意质量效益。据资料统计,2023 年,河南省地区生产总值 59 132.39 亿元,同比增长 4.1%。分产业看:第一产业增加值为 5 360.15 亿元,增长了 1.8%;第二产业增加值为

22 175.27 亿元,增长了 4.7%;第三产业增加值为 31 596.98 亿元,增长了 4.0%。

(二)相关支持条件

1.地理环境和交通条件

河南地处我国中部,北面与河北、山西接壤,西面与陕西相连,南面与湖北相依,东面与安徽、山东相邻。全省土地面积 16.7 万平方千米,约占全国总面积的 1.74%。其中,山地和丘陵占全省土地面积的 44.3%;平原和盆地占省全土地面积的 55.7%。全省气候大部分属于温带季风气候,南部属亚热带季风气候,气候特点是夏季高温多雨,农作物的生长期长,温暖的气候和土地类型的多样性为农业的发展提供了有利条件。

优越的地理位置,使河南成为全国铁路、公路、航空、信息兼具的重要综合性交通通信枢纽之一。铁路运输除了原有的京广、陇海两条铁路十字"大动脉"以外,徐兰高铁、石武高铁先后穿过,河南再次成为京广、陇海两条客运主干线的十字交叉口,省会郑州则处于"米"字形高铁网的枢纽位置。公路运输有 107、310 国道的通过,以及连霍高速公路、京港澳高速公路的穿过;省内的高速公路网也在不断完善。

航空运输除新郑机场之外,洛阳、南阳等开辟了 32 条国内航线和不定期国际旅游线路。在运输方面,郑州不仅是亚洲最大的列车编组站,也是全国最大的零售货物转运站;河南拥有一类铁路口岸、航空口岸和二类公路口岸各一个,货物可以实现联检封关直通国外。

近年来,各种交通运输方式实现了有效衔接,优势互补,使过境货物无缝对接。在全国的商品流通中,河南肩负着承东启西、连贯南北的作用,会展的区位优势得天独厚。

2.各种优势产业

河南的产业优势明显,省内各地已形成各具特色的支柱产业,且产业集群优势明显。郑州的支柱产业有汽车、煤炭、电力、制铝业等;洛阳是机械工业和旅游业;许昌是电力和制造业;漯河是食品和机械制造业;焦作是能源工业、化工和汽车零部件等;平顶山是煤炭、电力等;新乡是纺织、电子等;济源是电力和铝工业;开封的重点产业是旅游业。优势互补的集群产业不仅有利于经济的特色发展,而且为河南会展业依托各类产业的发展创造了良好的条件,生产企业可以借助展会的平台展示、宣传、销售自己的产品,而会展企业则利用各具特色的产品举办门类不同的展会。

3. 文化旅游资源

会展与文化旅游密切结合。借助文化旅游可以挖掘会展发展的内涵,同时会展业的发展可以促进旅游业的发展。河南旅游资源丰富,不仅有得天独厚的自然风光,而且拥有浓厚的历史和文化积淀。河南拥有洛阳龙门石窟、安阳殷墟、登封"天地之中"历史建筑群三处世界文化遗产;拥有郑州、洛阳、开封、安阳四大古都。河南兼有温带和亚热带气候,自然旅游资源丰富,自然风光兼具北雄南秀之美。嵩山、云台山、王屋山-黛眉山、伏牛山是著名的四大地质公园;以云台山为代表的南太行山,成为我国重要的 5A级景区;以尧山、白云山、老君山、老界岭景区为代表的伏牛山,以鸡公山景区为代表的大别山,风景秀丽,深受游客青睐。这些旅游资源为会展业的发展提供了基础条件,借助旅游带动会展,借助会展促进旅游,达到双赢的目的。

4. 会展基础设施规模

河南会展业基础设施逐步改善,省会郑州现有郑州国际会展中心、中原国际博览中心等众多专业会展场馆,全市室内可供展览总面积 69.41 万平方米,硬件设施水平位列全国前十名。郑州全国商品交易会、河南家畜交易会、河南国际投资贸易洽谈会、中国(郑州)汽车市场博览会、郑州国际汽车展览会、中原医疗器械博览会等展会,已经成为中部地区同行业规模影响较大的展会。

除郑州外,其他城市基础设施也逐步得到提高。洛阳、驻马店、漯河等城市建立了会展中心,一批有影响力的展会应运而生,洛阳的牡丹文化节、登封的嵩山少林武术节、信阳的茶叶节、开封的菊花节、新郑的拜祖大典、驻马店的中国东西合作贸易洽谈会、漯河的中国食品博览会、安阳的殷商文化旅游节、焦作温县的太极文化经贸洽谈会、新乡卫辉的中药材订货会、南阳的玉雕节等,各地都加大了会展基础设施的投资力度。近年来,政府开始主办通过展会进行招商引资,以促进区域合作为目的的各类综合性展会;行业协会举办了各类专业性展览;一些私营会展公司也承办了一些中小型的展会。目前,河南省会展业已初步形成了以郑州为中心、全省多点发展的格局。

(三) 会展市场需求条件

经验证明以产业为依托的会展业具有强大的发展潜力,河南具备了多种产业优势,且市场规模大,工农业的快速发展为河南省会展规模的不断壮大提供了前提条件。河南是全国重要的农业生产基地,小麦、棉花、油料、肉类、烟叶等农产品在全国占有重要地位,而且还有一些特色产品,比如香菇、大蒜、山药、木耳、红枣等,与农业及农业产业链有关的展会可以依托产业发展壮大。

河南又是全国重要的能源、原材料生产基地,还是全国最大的客车、速冻食品、肉食品、发制品、拖拉机、调味品等生产大省,也是全国重要的铝工业、化工业、煤工业、纺织工业、家电工业、建筑工业、石油工业、机械工业等大省。产品的输出除了传统的营销方式之外,更需要通过展会为生产商和经营商搭建一个信息交流的平台,而产业的优势为河南会展提供了强大的市场需求和产业支撑。近年来,农副产品、烟酒、钢材、医疗器械、建材、机械、汽车、纺织服装、国际投资贸易洽谈等交易会举办频繁,使河南一度成为全国会展活跃省份,从而奠定了河南省会展业发展的良好基础。

(四) 政府支持政策和推广力度

近年来,河南省政府高度重视会展业的发展与扶持,2005 年出台了《关于加快我省服务业发展的意见》,提出要大力发展会展业,为会展业在河南省的发展提供良好的政策环境。同年,郑州市政府制定并实施了《关于大力发展会展业的意见》。2009 年,郑州市政府出台了《关于进一步促进郑州市会展业发展的意见》,以及《关于对重点支持展会实行认证的意见》《郑州市会展业统计管理实施办法》《郑州市会展业发展专项资金使用管理办法》等政策。郑州市财政每年预算安排会展业发展专项资金 1 500 万元,主要用于大型展会的引进、自主品牌展会的培养等方面。2010 年,郑州市政府委托商务部对郑州市会展经济未来 10 年的发展进行规划,通过了《郑州市会展业发展规划(2010—2020)》,为郑州会展经济的发展指明了方向。

（五）发展机遇

中原经济区的建立为河南经济发展带来了机遇,也加快了河南省会展业的发展。近年来,中原城市群整合驱动、内外结合、共创未来、加速崛起的发展趋势,已成为加快中原崛起的重要条件。据统计,2013 年在中部六大城市群中,中原城市群 GDP、固定资产投资总额、金融机构存款余额均居第一位;总人口、社会消费零售总额位居第二位。可以推断,随着中原经济区战略进一步实施,中原经济区将成为全国新的区域经济增长极。

2013 年,国家批准在郑州设立航空港经济综合实验区。航空港经济综合实验区的建设使河南省的交通更加便利,空运能力大大提高,也吸引了不少中外知名企业落户河南,这不仅加快了河南物流业的发展,也为河南会展业提供了难得的发展机遇,因为会展业的发展不仅需要产业的依托,而且会展物流是会展业发展的基础。

河南会展业可以利用自身的区位优势和产业优势,抓住国家给予的政策优势,依托经济腾飞的契机,加快会展基础设施建设,优化会展空间布局,以“展览、会议、节庆”为轴线,培育特色会展“产业集群”,全面提高会展业的社会效益和经济效益,推动河南会展业的整体发展。

二、河南省会展业发展概况

作为区域贸易的纽带之一,会展业将带来大量的人员、物资以及信息的流动,对促进地方经济的发展起到了有效的催化作用。近年来,河南会展业发展迅速,不仅取得了可观的经济效益,还对河南与外界交流起到了良好的推动作用,提升了河南的形象,有效推动了中原崛起战略的实施与开展。

河南省会展业以郑州为龙头,起步较早。如计划经济时期,郑州就承办了全国性的供销系统展销会、煤炭订货会、农机展销会等大型展会,在全国范围内影响较大。改革开放以后,河南利用自身优势,多次举办了大型百货、建材、汽车等交易会,使会展业得到了飞速发展。2023 年河南共举办展览 360 余场,展览面积近 400 万平方米。郑州市会展业发展稳中有进,持续向好,会展规模效益稳步增长。2023 年,全市展览总面积 265.45 万平方米,共吸引参展商 45 492 家,采购商及观众 528.53 万人次;在汽车整车、建材家居、医疗健康、装备制造、节能环保、数字科技等行业展会现场,累计达成意向成交额约 1 629 亿元,有效带动我市住宿、餐饮、交通、物流、广告等行业消费约 334 亿元。中原国际博览中心和郑州国际会展中心的出租率均达到 39%,中国贸易促进会发布的《2017 中国展览经济统计报告》显示,两个展馆都进入全国出租率最高的十大展览馆之列。

除了郑州之外,洛阳、驻马店、漯河等城市也建立了会展中心,安阳、新乡、信阳、焦作、开封、南阳、新郑等城市每年举办的会展活动都具有广泛的影响力,如洛阳的牡丹花会、驻马店的中国东西合作贸易洽谈会、漯河的中国食品博览会、安阳的殷商文化旅游节、焦作温县太极文化经贸洽谈会、新乡卫辉的中药材订货会、南阳的玉雕节、登封的嵩山少林武术节、信阳的茶叶节、开封的菊花节、新郑的拜祖大典等。这包括以省政府主办政策为导向的大型招商引资、以促进区域合作为目的的形象宣传为内容的展示性展会,以行业协会为主体举办的各类专业性展览以及各类会议,以私营公司或者群众自发形成的各种展会等多种类型。经过 10 多年的发展,河南省会展业已初步形成了"一心、多点"快速发展的格局。

三、河南省会展业基本情况

(一)展览场馆建设及展览活动情况

会展业的发展不仅带动了区域经济的发展,对提升城市形象也起到了巨大的促进作用。特别是对于河南这一中原大省,会展业也是中原崛起战略的重要产业保证。自 2006 年河南举办大中型展会有了质的飞跃以来,会展业得到了快速平稳的发展。

早在 2002 年,80% 的展览活动集中分布在郑州,这也正说明郑州是河南全省展览经济发展的中心。在行业分布上,展览数量居前 5 位的分别是生物医药保健类、房产建筑装潢类、农林牧渔类、服装皮革纺织类和教育培训艺术类。

(二)会展营业收入及从业人员情况

2023 年,河南成功举办了"第三十一届郑州糖酒会""第三十二届郑州糖酒会"和"第三届华北食博会"三场展会,展览总面积达 13.3 万平方米,并接待了来自全国各地的观众,总计 23 万人次;并划在 2024 年 4 月举办第三十三届郑州糖酒会,5 月举办第四届华北食博会,8 月举办第三十四届郑州糖酒会,展览面积总计约 12.8 万平方米。这也充分说明了会展业具有"城市经济助推器"的作用。

以 2023 年河南固始为例,这个素有"北国江南,江南北国"之称的淮河边小城,为会展业持续输送人才长达 30 年。30 年来,固始会展人的征途,亦是河南乃至全国会展业发展的缩影。业内提供的数据显示,固始从事会展业人数超 3 万,固始会展人在 122 个会展类别中涉及近 100 个,凭借自身努力成为中西部会展集群(郑州、西安、昆明、成都)的主力军,与江浙沪会展集群、北京会展集群、广州深圳会展集群并列。

四、河南省会展业发展特点

近年来,随着河南会展业蓬勃发展,其影响力也逐渐增大。宏观来看,河南省会展业发展特点如下:

(一)会展业发展基础良好,会展环境不断优化

早在改革开放前,郑州就开始举办全国性的煤炭订货会、供销系统商品展销会等大型活动,因此,河南省会展业起步较早。十一届三中全会以后,河南省会展业更是加快了发展速度,在摆脱计划经济体制束缚的基础上,逐步成为全国多个行业"流动展"的必选之地,虽然规模不大,但较为频繁。在 20 世纪末,河南省会展业又迎来了一个会展小高潮,特别是在钢材、百货、医疗器械、建材、机械、汽车等交易会先后在河南举办,使河南一度成为全国会展活跃省份,从而奠定了河南会展业发展的良好基础。

近年来,由于河南省委、省政府的重点扶持和培养,使会展业逐步发展为河南省新的经济增长点,这也为会展业在河南的发展提供了良好的政策

环境。如 2005 年河南省政府出台了《关于加快我省服务业发展的意见》,提出要大力发展会展业。同年,郑州政府制定并实施了《关于大力发展会展业的意见》。2009 年,郑州市又出台了《关于进一步促进郑州市会展业发展的意见》,提出了打造国际会展城市的战略方向,河南会展业环境不断优化。2010 年,郑州开始筹划《2010—2020 郑州市会展业 10 年规划》,为郑州会展业的发展指明了方向。

(二)区位优势明显,发展潜力大

会展业的发展需要一个中心城市的聚集效应,才会进一步强化这一中心城市的窗口功能,从而不断提高"中心城市"的知名度及其辐射影响,而河南省具有这一条件。

郑州作为河南省省会,位居中原,具有承东启西、连贯南北的作用,与长江三角洲、西安、武汉、京津的距离都在 500 千米左右,交通发达,城市功能逐步完善,区位优势明显。郑州作为全国铁路的枢纽站之一及全国第三大客运站,京广、陇海两条全国最长的铁路干线交会于此,京港澳、连霍高速也在此交会,拥有一批全国性及区域性的零售商业市场,完全可以满足国内外大型会展活动的需求。与此同时,郑州作为是中原经济崛起的龙头,凝聚效应和辐射效应极其明显。一方面,郑州工业发达,有利于发展会展旅游、商贸物流为特征的现代服务业,从而通过聚集效应,把世界各地的客商集中在一起,带动相关产业的发展。另一方面,郑州市周边城市经济门类齐全,为郑州提供了良好的产业优势互补。这些都为会展业、商贸业的发展奠定了雄厚的物质基础。

(三)展览场馆规模不断扩大,会展数量逐年增多

河南目前拥有多个大、中型专业展览场馆,分别位于郑州、洛阳、新乡、驻马店、漯河、三门峡等地。其中,郑州国际会展中心成为继中原国际博览中心和郑州贸易中心货栈之后最大的专业会展场馆,建筑面积达 22 万平方米,可供展览面积 7 万平方米。郑州国际会展中心因规模大、技术新、设备全,成为全国乃至亚洲一流的会展场馆。近几年,周边其他城市的展馆数量也在不断增多。

与此同时,在展览场馆规模不断扩大的基础上,河南全省会展的数量和规模也在逐年提高。从 2000 年开始,河南举办的会展活动便呈逐年增长趋势,从 2003 年的 24 个增加到 2006 年的 75 个,实现了质的飞跃。2023 年,河南举办展会 360 余场。各种药品交易会、制药机械博览会、粮油精品展示交易会、农副产品博览会、国际医疗器械博览会、纺织服装交易会、国际投资贸易洽谈会等会展层出不穷,涉及制造业、基础设施、高新技术、农副产品加工、服务业、文化旅游等多个产业。

第二节　河南省会展业发展模式

会展业发展模式对提高各行业产品的示范性,引进先进技术,促进创新具有重要的意义。下面将从河南省会展业发展模式的社会支撑、模式特点及模式对比等方面展开研究。

一、由市场需求推动的发展模式

市场需求主导是目前会展业发展的主要形式。市场需求导向的会展业发展以满足第三产业需求为主,通过旅游业、服务业作为利益链导向,同时将企业联系起来,满足企业直接面对消费者的需要。在企业面对消费者时,企业作为市场主体直接获得利润。消费者作为市场客体,通过会展本身达成自身休闲,或者企业之间联系与竞争的目的。在企业寻求会展机会的过程中,会展单位作为市场主体,获得企业提供的费用,同时向参与会展的不同人群取得收益。参展企业、参观人员作为市场客体,通过向会展单位缴纳费用达成自身效用。

可见,以市场为导向的会展是以利益作为推动的,在不同阶段市场主体和客体不同,因此利益链可以充分传递达成收益的最大化。同时,在这一过程中会展的外部性带动企业之间的比较竞争,实现资源的优化配置,有利于社会的发展。而且,市场导向的会展业发展模式,本身可以通过市场加快经济发展速度,进而带动整体经济的发展。

但是,以市场为主导的会展发展模式对社会环境有一定的要求。首先要求市场经济体制健全。以需求为导向的会展业发展模式,要求各个行业广泛参与,并且有良好的第三产业基础,从而实现利益的合理分配,达成利益链回路。相反,如果市场不能广泛参与,则利益不能进行传导,投资不能成功得到收益,最终导致整个市场体系崩溃。

二、由区域人文、旅游环境推动的发展模式

前文提到旅游对会展业发展具有极大的促进作用,主要原因在于旅游能吸引庞大的客流,间接为会展业发展带来客源。随着人们对精神文化需求的不断提高,其休闲方式也从单纯的参观向复合的休闲形式过渡。参观型会展将是未来地区游览的重要组成形式。

因此,区域人文、旅游环境推动的发展模式是目前国际会展业发展的重要组成部分。此模式可以迅速提高举办地区的知名度,而会展的发展可以作为该地区第三产业发展的重要组成部分,并丰富该地区的旅游资源,实现双赢。

但是,旅游推动的会展发展模式对地区也有一定的要求,主要表现在对地区旅游资源集群性、多样性、交通便利性以及设施齐全性等方面的要求。因此,以自然旅游风光为主要旅游资源的地区并不符合这一要求。此外,地区的经济发展程度也十分重要。虽然会展本身对地区发展有一定的推动作用,但是如果地区经济发展程度本身较低,则不能吸引企业广泛参与。

三、由政府、非政府组织(NGO)推动的发展模式

除了需求导向型、区域人文型发展模式之外,政府和非政府组织组织引导会展发展也是目前会展业发展的主流形式。相对于需求导向型和区域人文型发展模式,政府和非政府组织推动的发展模式门槛最低,对地区要求最低,可以广泛参与。通过政府和非政府组织的推动,可以迅速推动地区会展发展。

虽然如此,由政府和非政府组织推动的会展发展也有一定的局限性。首先,政府和非政府组织必须进行地区长远产业发展规划,对会展发展进行适当的定位,否则,反而造成了资源浪费,不能真正促进地区会展的发展。此外,地区本身需要具备一定的基础条件,否则企业本身不愿意投资参与其中,即使政府进行政策引导,对其进行支持,由于地区本身不具备发展潜力,也会因为没有广泛的客源和参展单位而停滞不前。

第三节　河南省会展业发展模式的社会支撑

设计会展业发展模式,带动会展业发展应考虑到会展业发展的衡量标准,将各行业的广泛参与、参与程度及会展业基础设施是否完善考虑到所构建模式之中,从而保证推动会展业的进一步发展。由此可见,河南会展业发展模式的社会支撑主要有以下几个方面。

(一)各行业广泛参与

会展业具有悠久的历史,按照现代会展业的概念,最早可以追溯到第一次工业革命初期的万国博览会,即人类有史以来第一次世界博览会。工业革命极大地提高了生产力,加强了专业化,带动规模经济的发展,也使得早期会展产品主要以工业产品为主。随着人类科技水平的不断进步,不同国家、地区和企业根据自身绝对优势和比较优势,确立了市场经济中所扮演的角色,产品差异化程度明显提高;此外,随着科学技术的广泛应用,各个国家、地区及企业产品生产水平出现明显的不同,导致各个行业具有了参与到会展业的基本条件。因此,各行业能否广泛参与到会展业中,是衡量一个地区商品经济、信息流通、会展业发展的重要标志。

河南作为我国中部的一个农业大省,有着丰富的农林资源。另外,河南悠久的文化历史也为会展业的发展提供了得天独厚的条件。从关系到民生的糖酒博览会、世界旅游城市市长论坛,到关系到自然人文景观的开封菊花节、洛阳牡丹花会,再到追溯历史的新郑拜祖大典、少林寺的禅宗少林音乐大典、清明上河园的大宋东京梦华,河南的会展产业真正做到了各行业的广泛参与。

(二)各行业的参与程度

除了各行业参与会展业的广泛性之外,各行业参与会展业的程度也是衡量地区会展业发展程度的重要标准。现代会展业除了展示产品,吸引买卖双方,间接提高产品生产水平和创新能力之外,还起到促进企业间相互合作、推动商品经济立体发展的作用。各行业如果不能真正参与到现代会展业之中,只是限于会展期间的交易,没有切实与其他企业、其他行业进行广泛的联系,整个会展业的实际效果将大打折扣,也会限制会展业的进一步发展。因此,各行业的参与程度是会展业蓬勃发展的重要考察标准。

2023中国(郑州)国际旅游城市市长论坛在郑州国际会展中心开幕。作为该论坛的重要活动之一,当晚,由世界旅游联盟、河南省文化和旅游厅、郑州市人民政府共同主办的"世界旅游联盟·城市旅游对话"在郑州市只有河南·戏剧幻城成功举办。本届对话以星空为顶,四幕合围,围绕"旅游城市的创意发展与品牌打造"主题,吸引了境内外专家学者、世界旅游联盟会员、政府和企业代表等200余人参加。在论坛上,郑州市人民政府与法国亚眠市、西班牙坎塔布里亚自治区、葡萄牙莱里亚市等分别签署了缔结友好城市意向书。郑州市文化广电和旅游局在论坛上与希腊马拉松市旅游局签署文旅合作协议,与法国中法教育交流协会签署了双方合作协议书。郑州市二七区与意大利瓦莱克罗夏市、郑州市中牟县与意大利尼科洛西市、郑州市金水区与意大利科森扎省分别签署了合作协议。通过两次论坛的主题及目标的变化,所涉及的行业及国家也发生了变化。由起初的旅游业延伸到其他产业的发展。例如,签约的项目涉及了景区、酒店、餐饮、购物等服务设施建设,以及汽车露营地等旅游新业态和旅游商品开发等多个方面。为了支持旅游项目开发,为企业做好金融服务,经过前期充分沟通和协商,河南省旅游局与中国工商银行河南省分行达成了授信额度200亿元的战略合作协议。郑州市与奥地利因斯布鲁克斯市签署了《友好城市备忘录》。通过这类活动的不断开展,各行业的参与程度也不断加深。

(三) 会展业基础设施建设和保障

产业的发展好坏与基础设施建设完善程度有着巨大的相关性,甚至可以说基础设施建设完善程度对产业的发展有着巨大的影响。现代会展业与传统会展业和其他产业不同,具有明显的特点。主要表现在会展业除了需要定期与不定期的宣传、召开之外,更需要固定的场所。而且要求后续的物流业等参与行业的大力支持。只有充分保障会展业基础设施建设完善、设置合理,才能进一步促进会展业的发展。虽然如此,但是会展业发展与正常的商品经济发展并非相互竞争的关系,而是相互帮助的关系。主要原因在于会展业将商品展示直观化,极大地带动了地区旅游、观光业的发展,吸引物流和人员流动,进而整体促进地区第三产业的发展。

郑州国际会展中心体现出河南省对会展业发展的重视,并为会展业的发展提供设施保障。郑州国际会展中心是郑州市中央商务区三大标志性建筑之一,主体为钢筋砼结构,屋面为桅杆悬索斜拉钢结构。郑州国际会展中心由会议中心和展览中心两部分组成,建筑面积 22.68 万平方米,可租用室内面积 7.4 万平方米,是集会议、展览、文娱活动、招待会、餐饮和旅游观光为一体的大型会展设施。

第四节　以郑州市为例分析会展旅游发展策略

我国目前已经形成三大会展产业带——珠江三角洲会展产业带:以广州为龙头,以广交会为助推器,形成深圳、厦门、珠海、东莞、汕头等展览城市群,与珠三角的加工出口产业优势相结合,成为以出口为主导的会展产业带;长江三角洲展览业会展产业带:以上海为龙头,形成南京、宁波、杭州、苏州、温州、台州、绍兴等展览城市群,与长三角的区位优势和产业优势相结合,成为富有增长活力的会展产业带;环渤海及京津塘会展产业带:以北京为龙头,形成大连、青岛、天津等展览城市群,以其制造业优势和产业规模成为最有辐射力的会展产业带。

近年来,河南省各级政府加大了对会展旅游业的支持力度,在《河南省"十二五"旅游产业发展规划》中明确提出"积极发展商务会展旅游,大力培育会展、创意、文化、艺术等文化休闲新业态"。作为中西部会展经济带的核心省份之一,河南会展业发展取得了一定的成绩,尤其是郑州绿地航空港区会展城的建设,给河南会展旅游注入了更大的活力。

郑州的会展业起步于20世纪80年代,而真正把会展和旅游相耦合作为一种旅游产品和经济增长方式的时间则不长,但其对郑州的繁荣和发展已产生了很大的影响。

1.正面影响

首先,可推动郑州经济的发展。根据有关调查,旅游业的产业带动系数是1:3~1:5,国际会展业的产业可达1:10。发展会展旅游无疑为郑州经济发展带来很大的机遇。其次,可促进郑州的产业结构调整,增加就业机会。会展旅游的连带功能具有强大的产业带动效应,由于区位等优势,郑州开展会展旅游能汇聚巨大的物质流、信息流、技术流、商品流和人才流,这些除了可以直接拉动相关的举办单位、参展商、会展工程企业、会展服务企业尤其是旅游业的发展外,还能带动与之间接相关的邮电、通信、金融和房地产等第三产业发展,增加大量的就业机会。再次,可进一步优化郑州的城市形象,提高其知名度。发展会展旅游,通过举办会展以及提供完善的旅游接待服务,可以向世界各地前来参展、洽谈以及观光的游客宣传郑州的科学技术水平、经济发展实力和民俗风情,扩大郑州与外界的交流和合作,提高对世界的影响力,提升郑州的知名度和美誉度。

2.负面效应

其一,过度重视会展旅游可能会引起经济超前现象的发生。被欧美国家称为城市面包的会展业,因其强大的产业带动性和丰厚的回报,越来越多的国家和城市对它倍加青睐。可是,有事实表明,过度重视会展业也会出现不因地制宜、盲目加大对会展旅游的投入、大肆建造场馆和服务接待设施的现象,造成资源浪费或重复建设。其二,可能引起行业间不正当竞争,造成市场秩序的混乱。基于会展旅游的丰厚回报,各个企业都想来分一杯羹,这不能说是件坏事,然而,如果不给予科学的协调和管理,则会适得其反,这就需要政府对其实施行之有效的监督和管理。

一、郑州市会展旅游业发展现状

郑州地处中原,是黄河文化的发源地,在历史上就是"商城"。郑州在1992 年确立商贸发展战略之前,每年也有一些会展活动,但指令性色彩浓厚,几乎没有纯粹的商业性展览。

近年来以郑州为中心的中部会展产业带和以成都为中心的西部会展产业带正在孕育中。郑州会展业几年间发展迅速,并带动了会展旅游业蓬勃发展,创造了可观的经济效益。目前,郑州的展馆面积已超过 100 万平方米,主要的会展场馆有郑州国际会展中心和中原国际博览中心。其中郑州国际会展中心在全国排名前十,硬件设施先进。

河南是中华民族的重要发源地,是广受世人关注的重要地域之一。而郑州目前又是河南的政治、经济、文化中心,其地位是河南其他城市不可替代的。郑州不仅发展会展旅游的条件优越,而且机遇良好。郑州会展旅游业取得了长足进步,在商贸城建设中做出了突出贡献,但也存在一定问题。如对会展经济的研究和规划不够,发展目标和思想不明确,管理不够规范,发展过程缺乏有效整合等。

二、郑州市会展旅游的 SWOT 分析

SWOT 分析是旅游资源开发和旅游业发展战略选择过程中,被广泛应用的系统分析方法。SW(strengths and weaknesses) 是指资源开发地的内部优势和劣势,OT(opportunities and threats) 是指外部机会和威胁。通过 SWOT 诸要素分析和系统评价,对于开发战略的最终抉择具有十分重要的价值和作用。现采用 SWOT 分析方法对郑州市的会展旅游做更进一步的研究,以期为其发展提出科学合理的对策。

(一)优势分析

1.得天独厚的区位优势

我国的地理区域在历史上曾分为九州,河南居九州之中,有"中州"和"中原"之称。作为河南省省会的郑州市,从自然、政区、交通位置和全国三大经济地带的区位关系看,都不失为中国之中的地理位置。郑州直径500千米的范围可辐射山东、山西、陕西、河北等全国10个以上的省份,承东启西,连南贯北。此外,位于郑州东南西北四个方向上的大型商贸中心城市,即南京、武汉、西安、京津,与郑州的距离都在500千米以内,在这里举办区域性甚至全国性的会展活动,发展会展旅游,具有得天独厚的区位优势。

2.便利的交通条件

会展活动由于需要在短时间聚合并疏散大量的人流、物流,所以对城市的交通运输条件要求较高。作为全国的交通枢纽,郑州交通发达,优势明显。铁路方面,全国首个"米"字形高铁网已经建成投用,京广、陇海两大干线在此交会,郑州站是中国第三大客运站,郑州北编组站是亚洲最大的编组站,郑州东站是全国最大的零担中转站。公路方面,京港澳、连霍高速在此交会。航空方面,1997年建成投入运营的新郑国际机场为4E级机场,郑州所具备的这种交通枢纽地位,完全可以满足国际国内大型会展活动的需求。这是其他许多大城市所无法比拟的,如在大连举办的全国粮酒会,在桂林举办的全国汽配会,都曾出现过会议闭幕后数万名代表不能及时疏散的窘况,不少代表极不情愿地多滞留了三四天。

3.丰富的旅游资源、古老的文化和悠久的历史

会展与旅游是互相联系、相互促进的,很多时候会展的举办地往往选择在旅游资源丰富、城市人文环境优良的地方,郑州正是这样一个十分理想的会展旅游地。郑州市的旅游资源基本特征可概括为山(中岳嵩山)、河(黄河)、古(古老的历史文化)、根(民族根、文化根、姓氏根)、拳(以少林拳为核心的少林功夫)五个字。全市有国家级和省级重点文物保护单位137处,其中国家级重点文物保护单位14处(约占河南省的1/2)。少林寺、中岳庙、嵩山国家森林公园、北宋皇陵、黄河风景名胜古迹等享誉中外。另外,郑州距九朝古都洛阳、七朝古都开封两大旅游胜地也仅一个小时车程。同时,郑州

还处于河南"三点一线"(郑、汴、洛三点,黄河沿线)黄金旅游的正中部位,这对举办各种会展活动、发展会展旅游是极为有利的。

4. 发达的商贸

历史上郑州就是全国著名的商贸城市之一。在郑州的城市规划中已经明确将郑州定位为"全国性的商贸城市,河南省的政治、经济、文化中心"。近年来,郑州按照这个定位,已建成一大批商业基础设施、商品批发市场、零售市场和其他商业服务设施。如国家级批发市场有中国郑州粮食批发市场、机电产品批发市场、建材批发市场、煤炭批发市场、汽车摩托车展销中心等。其中郑州商品交易所在粮食期货交易方面已居全国领先地位,华中食品城、郑州鞋城等批发市场已辐射到周边十几个省(自治区)。另外还有金博大、丹尼斯等年销售额超过亿元的大型零售市场 10 余个,数家已进入全国百强。

5. 完善的城市功能

改革开放以来,郑州加大了城市建设的力度。完善了交通体系,加强了铁路枢纽和邮电通信建设,现在已成为全国三大铁路枢纽之一,十大邮电通信枢纽之一;加强了城市基础设施建设,城市供水、供电、供气、供热条件良好;市容正朝着绿化、美化、净化、优化的方向发展。以上各方面的城市建设,都为郑州发展会展旅游提供了重要的保障措施。

6. 政府高度重视

2004 年,郑州在《郑州市全面建设小康社会规划纲要》中指出"要把郑州建设成区域性会展中心"。2005 年,郑州市政府通过《关于大力发展会展业的意见》,提出要把郑州建成"中部会展之都"和中国会展名城。如今,郑州已经把会展、物流、旅游确定为经济发展的"三新产业"加以重点培育。同时,成立了会展行业管理机构"郑州市会展办",加强行业管理协调,规范会展市场,使之健康快速发展。

(二)劣势分析

1. 经济实力的局限

从地理位置上看,郑州是一个中心城市,从上文定量分析中得出,在中部十个内陆省会城市中,郑州市的经济发展水平与经济发达的北京市相比差距甚远,与新兴的会展旅游业发达城市南京、武汉、成都、西安等地相比,不足也是很明显的,处于第九位。河南经济发达程度较为落后,郑州会展旅游业的水平不可能超越整体经济水平不高的现状,这是郑州会展旅游业处于劣势的根本。

2. 对发展会展旅游的各方面研究不够

近两年,会展旅游业较发达的大连、厦门、成都,都将会展产业列为经济发展的支柱产业加以培育,并提出了明确的发展目标和配套措施,其力度和声势都已强于郑州。而至今,郑州对会展旅游业发展的道路、定位、措施都还不够明确,对发展力量的整合也不够。对其他着力发展会展经济的城市研究不够,没有针对性地采取应对和竞争的措施。

3. 政府对会展业的管理、协调与引导不够

郑州目前对于举办单位和参展商的条件等都没有明确要求,缺乏专门负责会议的机构,缺少国际会展旅游的专业服务公司,缺乏专业会展旅行社。许多国际会议大多由几个部门联合或由某家旅行社兼办,这不能适应会展旅游业发展的需要。郑州现有的几家展览公司都缺乏规模和实力,且已有几次会展活动因组织方的欺诈行为被新闻媒体曝光,损害了郑州会展的形象。

4. 支柱会展项目数量少,运作水平偏低

郑州支柱展会只有郑交会、少林武术节、新郑黄帝故里拜祖大典等少数几个。郑州的会展活动,在组织运作水平等方面,与国内的名牌会展相比,也有不小的差距。例如,2001年在北京举办的第四届"中国北京高新技术产业国际周暨中国北京国际科技博览会",有9个系列展览活动,10多个分专题的技术成果交易和经贸洽谈活动,并组织多场高层次的报告会、研讨会,另有科技人才招聘、科技旅游、科普宣传、旁听知识产权庭审及文艺演出等丰富多彩的配套活动。将会展的内涵和外延都做了充分的拓展,会展活动的策划组织达到了较高的水平,从而取得了显著的经济和社会效益。相比较而言,郑州就显得形式单调、层次不高、缺乏亮点,影响和效果明显不及前者。

5. 场馆设施条件有待提升

郑州的展览场馆和体育场与其他会展旅游业发达的城市相比仍显落

后,难以满足发展的需要。郑州最大的展览馆即郑州国际会展中心,一期工程总投资15.39亿元,总建筑面积22.76万平方米,虽可提供国际标准展位3 000个以上,但与高速发展的会展业要求依旧相差太远。会展场馆的内部配套设施也比较落后,在视听、灯光、音响效果等方面还没有达到国内领先水平。近年来,郑州的五星级宾馆不断增多,其中不乏国际一流酒店品牌,住宿接待能力水平有了大幅度提高,但是仍然缺乏高档商务宾馆和娱乐场所。娱乐场所种类单一,档次较低。

6. 会展从业人员队伍较小,素质偏低

会展活动既是对外交往的窗口,也是创造经济效益的场所,从业人员队伍的大小、力量的强弱和素质的高低,既直接影响着会展规模、会展质量和会展效益的好坏,也直接影响着城市形象、会展形象和品牌的培育。处在国内会展"第一梯队"的上海市,早在2000年就已经有千余名会展专业人员为各种大型的国际、国内会展活动提供专业化服务。目前,郑州市专业性的会展服务队伍仍旧太少,很难满足会展旅游业发展的需要。缺少通晓国际惯例、掌握外语、具有会展经营管理理论知识和实际操作技能的专业人员;缺乏对会展旅游业的调查统计和理论研究,难以准确评估和预测会展旅游业对地区经济的影响和带动作用,这十分不利于会展旅游的发展。

(三)机遇分析

1. 入世后的机遇

我国加入世贸组织以后,世界上会有更多的工业型、服务型跨国公司来我国开拓市场,并谋求在中国更多领域的经济技术合作,他们会借各种商贸活动、会展活动宣传促销自己的产品,了解中国的市场发展状况及趋势,树立自己的企业形象,这无疑会给我国会展旅游业的发展提供一个难得的机遇。郑州要充分把握这一良机,把会展旅游这篇文章做好、做大。

2. 国际会展重心由欧美地区向亚太地区转移

会展经济的发展已经表明,国际会展重心开始由欧美地区向亚太地区转移,欧美国家已从占国际市场份额的80%降至60%。近10年来,我国承办的国际性会展也越来越多,已经占到国际会展总量的10%~15%。国际展览界根据我国市场的容量、经济实力以及对周边国家的经济辐射能力,我国毫无疑问地将成为东亚乃至整个亚洲的展览中心。

3.国内会展中心由沿海向内地转移

从国内会展市场的发展看,由于各地都已看到发展会展经济对地区经济发展的重要作用,承办会展活动的积极性空前高涨,承办会展的数量大幅度增加,过去那种偏集沿海地区的状况大为改观。

4.国家和地方政府产业政策的倾斜

改革开放以来,国家和河南省政府先后出台了一系列鼓励和促进旅游业发展的法规和政策。为了促进郑州市商贸经济和会展旅游的发展,河南省政府和郑州市政府也制定了相应的文件、发展规划和具体措施。在此大背景下发展郑州的会展旅游势在必行。

(四) 威胁分析

1.国内外同行的较量

由于会展旅游对地区经济的发展具有重要的积极影响作用,故国内外会展旅游业会激烈的竞争,特别是随着我国入世后承诺条款的相继实现,国外的展览公司会很快涌入我国市场。在国内,随着人们对会展旅游认识的加深,会展旅游将成为人们广泛关注的对象,市场的激烈竞争也将不可避免。随着会展旅游经济的发展,郑州市要想在国内外市场上占据一席之地并非易事。

2.国内外城市间的竞争

随着会展旅游业的不断升温,国内外城市间的会展旅游竞争也会日趋激烈。处于国内会展"第一梯队"的北京、上海、深圳等,会凭借自己以往的实力力保自己的会展霸主地位;而"第二梯队"的广州、成都、厦门、南京、大连、西安等城市也不甘落后,充分利用一切有利条件,巩固和扩大自己在会展经济中的影响。据了解,郑州每年举办的展会中以规模小者居多,在市场中竞争力较弱。面对国内外城市间的竞争压力,郑州更应主动出击,选准自己的优势和突破口,以确保自己在竞争中的有利地位。

3.市场运作和法律法规体制的不完善

郑州市虽成立有专门的展览管理部门和行业自律组织,但相当一部分会展活动没有完全按照市场机制运作。另外,缺乏必要的法律法规体制,保障会展和会展旅游活动的"游戏规则"还需进一步健全。对此,必须予以高度重视,否则缺乏正确的规范和引导,会展旅游活动就容易出现问题甚至中途"夭折"。

三、促进郑州市会展旅游发展的对策

在对郑州发展会展旅游进行了对比评价和综合的 SWOT 分析后,我们认为,把郑州定位为"中国中部知名的国际会展旅游城市"切实可行。从时段上看,郑州近期应以举办全国性会展、地区性会展为主,同时积极争取国际会展项目;待会展设施、管理服务水平等条件进一步完善后,再重点推进国际重大会展活动的举办,并且应将亚太地区作为国际会展市场开发的重点。从会展活动的类型来看,郑州应重点开发带有文化交流、商贸物资交流、休闲度假、科学考察、奖励等性质的会展市场,以政治性会议为辅助市场。具体要做好以下几个方面的工作。

(一)建立健全相应的管理机构,加强会议展览的招待、管理、接待工作

纵观世界上会展旅游发达的国家和城市,都设有专门的管理机构。巴黎的旅游主管机构的全称是"旅游与会议局";日本、新加坡和香港的做法则是在其旅游管理机构下设立专门的会展局。而郑州至今还没有一家大型会展管理机构,这与会展城市地位是极不相称的。郑州每年举办的展会数量虽然不多,但展会"撞车"现象仍时有发生。像汽车展,曾有在半年内举办过两次的纪录。因此,郑州应设置相应的会展旅游主管机构,让政府只当"裁判员",不再当"运动员",以加强行业内部的管理和协调,推动会展旅游业规范发展。如在推出一个展览之前,首先要进行市场调研,根据市场可行性报告提出展会项目,由会展行业和项目所在行业专家进行讨论,出具指导性意见。如果项目重复,协会将做协调工作,以避免资源浪费和恶性竞争。同时还要开展国际合作,及时掌握国内外会展行业的发展动态,为政府的相关政策当好"参谋"。

(二)发展商贸,增强城市经济实力

城市发展会展旅游必须以强大的经济实力作物质基础,以商贸为代表

的大流通则是城市最活跃的经济因素,是城市经济的核心,也是城市发展会展旅游能力得以继续提升的主动因素。增强郑州的经济实力,要以经济建设为中心,以经济国际化、结构调整、科技创新等为发展战略,以发展商贸经济为重点,培植增长源,抢占制高点,实现跨越发展。郑州应继续完善国家中心城市的建设,尤其是其核心领域部分,如建设、完善一批全国性、区域性市场、发展零售商业等。在商贸物资方面,还要做好粮食、煤炭、烟酒、食品、纺织品等的交流工作。

(三)加快场馆设施建设,创造会展旅游发展的良好环境

会展旅游的发展,需要良好的营运环境,即一流的硬件设施和优质的服务。加强硬件与软件建设,努力提高服务水平,优化会展环境是大力发展我国会展旅游业的迫切需要。从硬件方面看,一是要加快以航空港区新国际会展中心为主体的会展城建设,扩展场馆面积,以适应会展向专业化、规模化发展的需要;二是要进一步改善主城区和各功能区配套道路交通条件,配合航空港区开发推进新国际会展中心,其建设应严格按照国际标准,配有高科技展览手段,集会议、展览、商务等多功能于一体,配套设施和服务项目(如邮电通信、交通运输、餐饮、旅游及环境保护工作等)都应进行详细的规划。从软件方面看,要重点强化服务理念,提高服务水平。把会展场馆地区真正建设为郑州的"窗口"。

(四)提高旅游业接待能力

旅游促进会展,旅游业的兴旺发达是办好会展的必备条件。经对比分析得出,郑州的旅游业接待能力与会展旅游发展能力较好的北京、南京、武汉、成都、西安相比是最低的,即郑州的旅游收入和旅游接待人次是最少的。要提高旅游业接待能力,关键是要提高郑州的城市旅游吸引力。纵观郑州的旅游产品,多以观光型旅游产品为主,依托的资源单一,产品数量少,拳头产品更少,结构单一,缺乏休闲度假和专项旅游产品,不适应多层次的旅游市场需求;产品布局基本集中,没有在空间上充分展开。要解决这类问题,提升旅游经济效应。首先,针对不同市场,对传统观光旅游产品重新进行组合、包装,走区域化联合销售道路。其次,突破现有格局,开发工业旅游、农

业旅游、学拳游、黄河滩湿地生态游等专项旅游产品,赋予其新创意、新内涵、新视角,走品牌化经营道路。

(五)培育名牌会展项目

郑州大展不多,小展不少,有的展览招摇过市,动辄号称全国性展览,实为"垃圾展"。要解决这类低层次重复办会,普遍缺乏规模效应的问题,就必须拒绝"垃圾展",着力培育郑州的名牌会展项目。通过此举,提升郑州会展旅游业的整体水平。第一,要不断完善提升已有较大影响力的展会运作,使这些骨干项目不断提升生机和活力。第二,要尽快培育出两三个在全国真正有影响力的会展项目。例如,紧密结合郑州的产业转型项目,大力开发培育新能源汽车、电子设备、重工机械装备等辐射全国的大型展会。充分利用每年新郑黄帝故里拜祖大典的有利机遇,让郑州成为华夏儿女寻根问祖、凝聚乡情和亲情的纪念地。第三,充分挖掘郑州奥体中心、河南省体中心等大型体育设施运作潜力,积极申办国内外的单项体育赛事。第四,要争取国家级会展项目能固定在郑州举办,如果郑州能像成都那样"锁定"糖酒会,其作用和意义将是巨大的。第五,开展国际合作,引进名牌会展。

(六)加快人才培养,全面提高会展从业人员整体素质

会展旅游是集现代政治、经济、科技、文化发展的综合服务产业,它要求会议展览服务人员具备特殊的能力。因此,郑州会展旅游要想在竞争日趋激烈的市场中谋生存、求发展,培养大批高素质专业人才是关键。既要培养一批熟悉国际会展惯例、精于会展市场开拓,善于会展管理的专门人才队伍,又要加大对会展翻译、导游服务及提供服务接待人才的培养培训力度。为此,可在高等院校开设会展相关专业,以便及时、大量、优质地培养会展专业人才;举办各类培训班,选派人员到国外学习,或邀请国内外著名专家教授介绍会展组织、设计、建造及运输等方面的知识,提高会展组织人员的外语水平和组织管理技能;建立会展旅游业的职业资格等级制,有计划、有目的地提高不同层次会展人员的水平,从而为郑州会展旅游的发展提供智力保障。

第七章　会展旅游发展趋势

在全球经济持续发展的背景下,会展旅游作为旅游业的一个重要分支,其市场规模正呈现出持续扩大的趋势。随着市场规模的扩大,会展旅游市场的竞争格局也日趋激烈。各大城市为了在这场竞争中脱颖而出,纷纷加大投入,不仅提升会展设施的硬件水平,更在服务水平上下足功夫,力求通过提供优质的会展服务来吸引更多的会展活动和游客。这种竞争态势虽然加剧了市场的紧张气氛,但另一方面也推动了整个行业的进步与升级。

政府在会展旅游的发展上也给予了高度重视,通过出台一系列政策措施来为其提供良好的发展环境和政策支持。这些政策不仅为会展旅游市场的规范发展提供了有力保障,更在一定程度上激发了市场的活力,推动了行业的持续健康发展。综合来看,会展旅游市场在未来仍具有巨大的发展潜力和广阔的市场空间。

第一节 数字化转型视角下的会展旅游发展

一、数字智能会展相关研究

在新科技革命强力支撑下,信息技术、网络技术得到极大发展,进一步加快了向往现实生产力转化的速度,实践应用场景更为广泛和丰富,在这一过程中各行业领域纷纷加大了与网络技术的融合力度,会展业及时抓住这一时代发展机遇,不断加强引入、创新创业技术,有效提升自身发展质量和效益,取得了良好的成效,引发社会各界的广泛关注。刘宇通过研究指出,在未来发展中将会有越来越多的企业引入前沿技术,实现了对传统产业的更新升级,充分利用新旧技术的叠加融合实现质的发展。"十四五"对于数字产业化提出了明晰的发展目标。会展业应积极顺应时代发展要求,加快数字化转型步伐,充分利用新技术手段,积极破除传统模式的束缚,构建起智慧会展发展新模式,不断创新发展路径和方式。从已有的研究成果来看,学者们主要从技术应用层面展开阐述,着重分析会展的数字化、智慧化和虚拟化,很少针对提高主体参与积极性方面进行研究。李岩将西安市智慧会展作为研究个案,通过对相关信息的分析指出,信息技术加速更迭、互联网的日益普及,引发各行业与互联网的深度融合并不断向数字化转型,在这一时代背景下,会展行业也必然加快向数字化转型的步伐。他提出了自己的改进优化策略,即积极实施双线融合发展,助力西安智慧会展取得实效性成果。赵爱玲通过研究指出,充分利用数字科技手段将是线上会展发展的必然要求,因此必须高度重视科技创新与研发,有力促进线上会展的数字化、智能化发展。姚争鸣基于互联网时代发展要求,具体分析了会展业当前状况及未来趋向,认为会展业必须积极适应"互联网+"时代的特点和要求,认为发展线上会展已经成为一种必然趋势,同时指出了这种新业态存在的问题,在此基础上提出针对性的优化策略。郝海媛具体阐述了线上会展发展过程,分析了其特点和优势,明确了"两线"会展间的关系,取得了一定的研究成果。任慧媛通过对各互联网巨头发展现状及趋向的分析,明确了他们对线上会展的作用与影响,同时阐述了线上会展所产生的主观体验,对比了各种盈利模式的差异之处。在"双线"会展融合方面,施宗桥认为线上会展会成为线下会展的有益补充,特别体现在宣传推广、信息传播、场地范围和合约洽谈四个方面,然后针对基于新技术支撑的线上会展平台进行了全面分析。金盛翔指出,在数字技术的强力支撑下线上会展便成为一种现实需求,具备了很强的可行性和实操性。金艳研究中引入了"广交会"这一典型个案,全面分析了传统会展品牌塑造问题,指出了其中的影响因素,然后从四个维度入手阐释了线上会展品牌实现数字化转型的策略和路径。四个维度分别为知名度、认知度、联想度和忠诚度。宗祖盼、王惠冰基于互联网和后疫情两大时代背景,全面分析了会展业发展的现状和趋向,认为会展业必将向数字化转型融合方向发展,然后提出了全新的发展思路和模式。程艳华深入探究了线上会展的独特之处和优势所在,指出了新时代条件下线上会展发展的内驱力,在此基础上提出了针对性的对策措施。该领域专家学者普遍重视会展业发展动态,基于对该行业未来发展的研究,指出了普遍存在的问题,同时提出具有实效性的举措,有力助推了线上会展的时代化发展,促进了会展业的数字化转型。魏仁兴、王德文通过研究指出,现有的二维数字会展,是一种重要的基础与支撑,必将成为元宇宙会展的基石和雏形,在未来发展中必将由元宇宙会展过渡至可自由组合的 3D 虚拟会展,因此,元宇宙会展必将趋向会展活动的虚实结合、高度互融,彼时现实和虚拟便成为一体。

二、数字智能技术在会展旅游发展中的应用

随着信息技术的飞速发展,数字智能技术正日益渗透到会展旅游产业的各个环节,为行业的创新发展提供了强大的动力。数字智能技术不仅能够提升会展旅游的服务质量,还能够增强客户的体验感和满意度,为行业带来了显著的效率提升与便捷性改善,进一步推动会展旅游产业的转型升级。

(一)智能安全保障

数字智能技术在会展旅游的安全保障方面发挥着重要作用。通过应用人脸识别、智能监控等技术手段,实现对参展人员、展品和场地的全方位监控和管理,有效预防和应对各种安全事件的发生,为会展旅游提供一个安全稳定的运行环境。

(二)智能导航与导览

数字智能技术能够提供智能化的导航和导览服务,为参观者提供便捷的参观体验。智能导览系统不仅为参观者提供详尽的景点介绍,还能根据他们的实时位置和兴趣,推荐合适的游览路径,并通过智能导航系统,帮助参观者方便地找到目的地;此外,智能导览系统还能提供丰富的展品信息和翻译服务,让参观者能够消除语言沟通障碍,无论身处何地都能轻松交流,深入地了解展会的内容和特色。

(三)智能定制旅行服务

在会展旅游行业的发展过程中,个性化服务需求的增长成为显著趋势。这一趋势背后,是消费者需求的日益多样化与个性化。为了更好地满足参会者的独特需求,借助数字智能技术,会展旅游企业可以为客户提供个性化的定制旅行服务。通过分析客户的兴趣、需求和预算等信息,制定符合客户需求的个性化行程安排,提供更加贴心、精准的服务体验。例如,行程安排方面,企业会依据参会者的兴趣和时间,提供个性化的游览路线规划;而在餐饮服务上,则会根据参会者的口味偏好和饮食禁忌,量身打造特色美食。

(四)智能客户服务系统

智能客户服务系统能够实现对客户问题的快速响应和高效解决,提高客户满意度。通过应用语音识别、自然语言处理等技术手段,系统可以识别和理解客户的问题,并提供相应的解答和建议。智能化管理系统的运用,使得会展活动的各项工作能够实现自动化、智能化处理,降低了企业的人力成本,提升了管理效率。这不仅增强了会展旅游企业的竞争力,也为参会者带来了更为优质的服务体验。

(五)数据化管理与分析

数字智能技术能够帮助会展旅游企业实现数据化管理与分析。通过收集和分析客户的消费行为、反馈意见等信息,企业可以更好地了解客户需求和市场趋势,为决策提供更加科学、准确的依据。

在会展旅游的发展过程中,数据采集与整合扮演着不可或缺的角色。通过对参会者信息、活动效果、市场趋势等关键数据的采集,会展旅游企业能够形成全面而深入的行业洞察。这些数据的整合和分析不仅为会展活动的规划提供了重要参考,也为后续的策略调整和优化提供了坚实基础。数据挖掘与分析技术在会展旅游中的应用日益广泛。通过运用先进的数据分析工具和方法,企业能够从海量数据中提取出有价值的信息,揭示会展旅游的发展趋势和潜在问题。这些数据驱动的洞见有助于企业更好地理解市场需求,预测行业走势,并针对性地制定市场策略,从而在激烈的市场竞争中脱颖而出。基于数据分析和挖掘的结果,构建决策支持系统成为会展旅游企业提升决策效率和准确性的关键举措。这些系统能够为企业提供科学、客观的决策支持,帮助企业在复杂多变的市场环境中做出明智的决策。通过决策支持系统,企业可以更加精准地把握市场脉动,优化资源配置,提升服务质量,从而推动会展旅游业务的持续发展。值得注意的是,会展旅游企业在构建决策支持系统的过程中,还需要注重与核心业务的紧密结合。企业应围绕核心业务职能,将数据采集、整合、分析以及决策支持等环节纳入整体业务框架中,形成协同效应,进一步提升企业的竞争力和利润水平。数据采集与整合、数据挖掘与分析以及决策支持系统的构建,共同构成了会展旅游企业实现科学化、精准化决策的重要支撑。这些技术的应用将有力推动会展旅游行业的创新发展,为行业的未来展望注入新的动力。

(六)虚拟会展体验创新

随着5G技术的日益普及,会展旅游正步入一个高效、智能、沉浸的新时代。借助5G网络的高速传输特性,参展商和游客可以享受到前所未有的高清视频直播体验,让每一个细节都栩栩如生,仿佛触手可及。实时数据的流畅传输更是极大地提升了活动的互动性和参与感，让每一个参与者都能深刻感受到会展旅游的无限魅力。

互动体验也成为增强参会效果的重要手段。借助虚拟现实（Virtual reality，VR）和增强现实（augmented reality，AR）技术，会展旅游为参会者打造了一个沉浸式的互动世界。在这个世界里，参会者可以身临其境地感受景点的魅力，甚至与虚拟角色进行互动。这种全新的体验方式不仅可以突破地域和时间的限制，吸引更多参展者和观众参与，还极大地提升了会展旅游的吸引力。

（七）线上线下社交互动功能增强

数字智能技术能够增强会展旅游的社交互动功能。通过开发移动应用、社交媒体平台等交互工具，拓展服务渠道，提升服务效率，促进参展者、观众和企业之间的沟通交流。这种社交互动不仅能够提供会展信息查询、在线报名、电子支付等便捷服务，还能通过实时数据监测与分析，实现了对全球旅行质量和安全指标的实时监测，从而为消费者提供了更加安全、可靠的会展旅游体验，增进企业和用户之间的了解和信任，为会展旅游带来更多的商业机会和合作可能。

（八）智能推荐与营销

基于数字智能技术的智能推荐系统能够根据用户的兴趣和偏好，为他们推荐相关的会展活动和旅游产品。同时，通过精准营销手段，如定向广告、个性化推送等，提高会展旅游产品的曝光率和吸引力，从而带动更多的游客参与和体验。政府部门和行业组织在推动会展业市场化进程中，也更加注重数字智能技术在会展旅游中的应用。通过实施服务外包，一些政府展会项目已经实现了会展信息的线上发布和宣传推广，大大提升了活动的知名度和参与度。会展旅游企业在信息技术的推动下，积极采用数字化营销手段，利用大数据和人工智能等技术进行精准的市场定位和目标客户分析。通过社交媒体、搜索引擎等多元化的营销渠道，企业能够更有效地吸引目标客户，提升品牌的市场影响力。企业还可以运用信息技术优化会展活动的线上报名、电子支付等环节，提供更为便捷的参会体验。

数字智能技术为会展旅游的发展注入了新的活力,推动了行业的创新升级。未来,随着技术的不断进步和应用场景的拓展,数字智能技术将在会展旅游领域发挥更加重要的作用,为行业的持续发展提供有力支撑。

三、从数字化转型到会展元宇宙

(一)会展元宇宙发展路径

会展业发展从其演进路径来看,在这个过程中受到两大因素的有利驱动,一是元宇宙技术创新的有效助力,二是产业数字化转型的有力引导,二者共同促进了会展业阶段性、持续性的演进与发展,最终必然会呈现出会展元宇宙的形态。可将其演进路径分为两个阶段:

前期阶段,由传统会展演进至数字会展。充分利用线上展览平台、积极借助智慧场馆,实现对零散数字化技术的优化整合,构建其具有复合性和集聚性的活动载体,提供初级虚实互动会展服务,这些服务主要有三类:一是 AR/VR 虚拟展品和展台;二是数字人主播;三是数字主持人。在这一阶段,相关技术仍然较欠缺,会展呈现效果难以达到预期水平,无法将信息技术与会展服务深度融合,整体而言难以构建起完备的数字会展技术体系。

后期阶段,由数字会展演进至会展元宇宙。在信息技术的有力助推下,特别是在元宇宙底层技术不断完善、会展元宇宙技术应用日益成熟过程中,数字会展也会逐渐演进至会展元宇宙,各项数字会展技术不断提升、优化、整合与完善,构建起系统性、整体性的会展宇宙技术体系,在这一技术体系支撑下,同时借助元宇宙平台这一载体,形成一个虚实融合、完全沉浸、高效智能的会展元宇宙大系统,并在后续发展中持续融合、改进和提升。

(二)会展元宇宙发展趋势

从未来发展趋向来看,会展元宇宙需要不断满足两方面的基本需求,一是虚拟会展,二是实体会展,在此基础上持续提升服务能级,增进自身在沉浸体验、人工智能和虚实交互方面的功能。

1. 增进沉浸体验度

这方面是针对虚拟会展而言的,虽然这一类型的会展包含了诸多场景,如虚拟场馆、展台及数字身份等,但所能展示的数据通常是那些即时性信息,无法提供良好的沉浸式体验,更难以将会展元宇宙带入一个虚实融合的境地,还需要进一步突破这方面的关键技术,如数字人、数字孪生等。除此之外,其他相关技术还需要进一步优化和完善,主要是指 3D 建模、人工智能、物联网等。

2. 增进人工智能

这方面是针对实体会展而言的,由于会展元宇宙必须基于实体会展这一物质形态,因此,实体会展的智能化水平能够直接决定与虚拟会展的融合度,进而对会展元宇宙的活动状态、系统性能等产生直接影响。在实体会展中最为常见的智能化场景分布于以下三个方面:一是智能管理,二是智能服务,三是智能场馆,它们的智能化水平均处于初级阶段。为此,必须有效提升其智能化水平,最为关键的是人工智能和物联网,另外还要对其他相关技术加以改进和提升,如 5G/6G、大数据、区块链等。

3. 增进虚实交互

对于会展元宇宙而言,最具核心性和竞争性的能力便是虚实交互,它主要应用于虚实交互智能设备中,特别是以 VR、AR 眼镜为代表的相关设备,在这一风口下得到极速发展,相关技术快速更迭,但仍然存在成本过高、缺乏稳定性的问题,很难在数字会展阶段实现普及和应用,由此导致虚实交互质量较低。为实现对成本的有效管控,必须加快对关键技术的研发与突破,如 VR、MR(mixed reality)、传感器、脑机接口,全面增进虚实交互质效。

(三)技术框架

通过以上阐述可以看出,会展元宇宙产业链的发展必须基于以下三个层面:一是实体会展;二是虚拟会展;三是虚实交互。三个层面分别对应相应的模块、场景、技术等。通过梳理分析会展产业的发展历程、现状及趋势,同时基于会展元宇宙产业链技术需求、结构模型等,明确会展元宇宙发展所需的核心技术及其当前应用实况,然后对核心技术进行深度分析,具体如下:

1. 数字孪生

该项技术是在现实基础上对相关物质形态实施数字化转变,使之成为物质形态相对应的数字形态的一种理念和技术手段,它将数据与模型有机融合,由此形成相应数字空间,实现对物质形态的精准数字化映射,然后运用数据整合、分析、预测等手段,实现对物质形态全生命周期的模拟、验证、预测和管控,从而构建起一个智能决策优化闭环。总而言之,数字孪生就是以前沿技术为支撑,特别是先进的信息技术、网络技术,实现对物质形态的数字化复刻。正是基于该技术这一特殊性能,元宇宙可以与物质形态间实现虚实交互,由此成为元宇宙建设发展的核心技术。鉴于该项技术的特殊性和重要性,我国"十四五"规划中特别将这项技术作为重要内容纳入规划中,将其用于构建数字孪生城市、加速城市智能化发展等方面。随着数字孪生技术的不断改进和优化,其所能应用的领域也日益广泛,特别是在制造业领域已经成为实现数字化转型的核心驱动力,有力助推了设计、生产、维护、维修等节点的重大变革。将数字孪生技术引入会展领域后,还可构建起数字孪生展厅,通过对3D虚拟展台技术的高效运用便可体验到别样的智能观展,实现对时空的有效突破;而通过运用5G、智能翻译和视频直播则可直通双线会议论坛,不会受到语言和地域等方面的限制;同时还可以建立起云端虚拟洽谈空间,有力破除线下各方面的限制,实现双线有效融合,使观众和参展商获得更具智能化的感官体验,产生良好的数字化、沉浸式感受。

2. 数字人

这是存在于虚拟世界中的、以多种先进信息技术为支撑的、可通过外貌、行为、交互等方式达到高度逼真、形象拟人的综合性虚拟人物,它具备现实社会中个体的三大功能:一是具体形象;二是行为表现;三是沟通交流。数字人已经显现出其独特的商业价值,如优化传统产业链条、提升作业质量和效益、增进业务体验度等,因此被众多行业领域所看重并引入应用。如在教辅、医疗、金融等领域已经出现了虚拟化的服务数字人,同时在文化传媒领域也创新推出了虚拟化的主播和偶像等。可以预见的是,在元宇宙快速发展过程中,投资人产业必然会迎来前所未有的发展良机,以其独特的创新力和想象力创造出更为广阔的市场空间。对于普通用户而言,只需利用动态捕捉和面部捕捉技术便可获取自己的虚拟形象,从而达到数字分身的效果,并可实现虚拟与现实两个世界的交互,完成由物质形态向元宇宙形态的质变。在数字技术日益发展、不断完善的进程中,数字人的应用场景将更加广泛,在会展业中得到更为积极的应用。

3. VR

VR 技术是基于对虚拟环境的创设,将用户带入这一环境中产生相应感受和体验的一种虚拟技术。该技术必须以特殊设备为载体,如头戴式显示器、手柄等,在这些设备的协助下实现对虚拟环境的探查,同时还可以操控环境中的相关物体。利用 VR 技术所创设的虚拟环境需要非常强劲的计算能力以及广阔的存储空间为支撑,这就需要硬件具备高端配置才能实现。我国将进一步加大对数字经济的支持力度,特别是在虚拟现实、5G、物联网等方面持续突破核心技术的限制,并将相关技术有机融合、积极培育、高效应用,从而形成诸多新的发展业态,如线上教培、远程医疗、网购、智能旅游等。我国政府非常关注 VR 技术的发展,并在政策、资金、人才等方面给予了大力支持,全力推进该技术与其他产业的融合发展,助力数字经济的时代化前行。会展产业引入 VR 技术后,企业可将拍摄的真实场景上传至网络空间,构建起线上 VR 智能展厅,同时还可以基于 VR 全景嵌入相关营销内容,通过语音、导图、画册和视频等加以宣传,然后与主流社交媒体相对接,如QQ、微信、Facebook,从而构建起生动活泼、丰富多样的线上营销平台,观众即便是相隔千山万水,也能产生身临其境的感觉,从而形成良好的营销效应。

4. AR/MR

AR 及 MR 技术是有机融合现实与虚拟两个世界的前沿技术,基于现实情景并利用 3D 模型、数字影像及文字等,为用户提供通过现实看到虚拟情形的技术手段。由我国出台实施的《"十四五"数字经济发展规划》可知,这一期间我国将进一步加快 AR/VR 技术的推广,特别是在医疗、教育、娱乐等领域将实现更为广泛且深入的应用,开拓更为广阔的市场空间。为进一步加快虚拟现实与行业应用的融合,在更多场景植入、应用 AR、MR 技术,工信部等五部门联合颁布实施了《虚拟现实与行业应用融合发展行动计划(2022—2026 年)》,明确指出在这一时间段内要促进 MR 场景的加速渗透与融合,助力产业实现升级换代,提高民众消费需求。政府对这方面也表现出极大的关注,积极推进 AR、MR 技术转化为现实生产力,实现与各行业的深度相融。随着 AR、MR 技术的不断完善,可用场景也更为广泛,尤其是在医学和制造业方面尤为突出。越来越多的展览场馆开始引入 AR、MR 技术,对于观众而言,无论身处何地都可以通过各种智能设备观看产品,掌握有关内容和信息,还可以形成与展品的互动,有效破除了传统模式下的时空限制,由此产生良好的交互感和体验度,提高他们的满意度及购买欲。

5. 人工智能

人工智能(artificial intelligence, AI)作为一种移植和模拟技术,是在计算机技术及相关设备的支持下,将人类思维模式、路径移植到相应设备中,由此实现对人类思维过程和智能行为的模拟,由此所形成的科技手段。随着各种大语言模型应用范围的不断扩展,AI 在生产生活中应用日益普及,人们对于人工智能的认知和理解也更加深刻。国务院于 2017 年印发并实施的《新一代人工智能发展规划》对此提出了新的目标要求,有力助推了新一代人工智能技术的发展,使之与经济社会形成深度融合,同时对人工智能产业产生良好的集聚效应,形成对现代化经济建设的积极助力。AI 以其独特优势成为各行业领域关注的热点,也是现代科技的重大成就之一,被国家列为重大发展战略,上海市也将其作为三大先导产业之一。通过专家学者的研究可知,在该领域内已经形成了以美、中代表的领先梯队。我国的 AI 技术已经仅次于美国水平,虽然仍然存在一定差距,但也体现出优势所在,即 AI 技术已在某些产业转化为现实生产力,形成相应竞争优势。会展产业也积极将人工智能技术引入其中,主要用于两个方面,一是数字人模型的创制,二是 VR/AR/MR 内容的生成,均产生了良好的效益和价值。

6. 物联网

物联网(internet of things, IoT),它是基于互联网而构建的、通过各种信息传感设备和网络所构建起的庞大网络体系,可在任意时间、地点实现联通,确保物物间、人物间能够实现全天候的互联互通。我国非常重视物联网技术的发展,为加强互联网基础设施建设,使之能够与时代发展要求相适应,工信部等于 2021 年发布实施了专门的《新型数据中心发展三年行动计划(2021—2023年)》,指出在这一期间要着力强化物联网新型基础设施建设。

四、数字智能会展旅游发展应用案例

(一)线上会展

这类会展指的是线上所开设的博物馆、美术馆、艺术馆等,通过运用互联网、AR、VR、AI 等技术手段,向观众提供快速便捷的浏览信息,以方便他们对文化物品、艺术品等内容的获取,并实现放大观看,同时还可以在网站内自主游览,享受 360 度全景体验,从而提高观众的满意度水平。

1. 云上广交会

它是将广交会网络化、数字化的一种全新形态,是利用互联网技术创建的一个在线国际交易平台,全球交易者均可在该平台中进行线上互动,具备在线展示、沟通、洽谈和交易等功能。对于参展商而言,其可以通过在该平台中开设虚拟展位,向购买者展示自己的产品与服务;对于采购商而言,其可以在该平台中随意浏览,随时参与线上商务活动及直播等,实现对相关商贸活动的高效对接。

第 128 届广交会是在网上举办的,作为技术供应商的腾讯公司发挥了积极专业的支持作用,不仅提供了整体技术支持,而且开展了迅捷高效的平台建设,开创了完全以网络形式举办的先例,由此积累了线上举办的丰富经验。在之后几届广交会中,越来越多的企业采用线上方式参与,运用图文、3D、VR、视频等形式展示,向采购商及观众展现了丰富多元、琳琅满目的商品。特别是第 131 届广交会,更是在多个方面取得了重大突破,参展企业超过 2.55 万家,所展出的商品数量总计 306 万件。

整体而言,"云上广交会"既是一个全新的商业模式,更是积极尝试、大胆探索全球商贸方式的典范,有力助推了全球贸易的发展。

2. 云上东博会

它是一次有益尝试和创新之举,是在传统实体展会基础上实施的线上行为。开启于第 17 届中国-东盟博览会,由于这一期间受到疫情影响,双方无法实地发展和交易,因此将其转移至线上进行。

该平台目前仍然处于常态化、全天候的运行状态,因此被誉为"365 天永不落幕的东博会"，它还进一步优化完善了原有的相关功能，如"云展示""云会议""云洽谈"，同时还针对相关内容进行了丰富和拓展。除此之外，该平台还积极加强与阿里巴巴集团的合作，双方还在首次云上东博会上举办了启动仪式，由此形成强有力的技术和人才支撑。

（二）元宇宙会展

由于传统会展存在诸多问题和不足，因此，会展元宇宙平台充分利用先进的技术手段，如 VR 虚拟现实、3D 建模等，构建起虚拟展示平台，同时对各单位进行了分类，即特装位、标准位和定制位，从而满足客户多元多样的开展需求。同时还不断丰富拓展参展元素，不断拉近与参展方、客户和观众的距离，为他们提供沉浸式、尊享式的线上云会展服务。

元宇宙会展充分运用了各种先进的数字技术手段，使其在会展业中得到充分高效的展现，从而创设出一个别样的虚拟化互动空间，它不仅与现实世界是平行的，而且能够提供沉浸式的线上体验，还可以展开即时互动的交流。由此可以看出，元宇宙会展这一个多元多样、复合统一的全新商业模式，体现出鲜明的环保性、多元性、扩展性、持续性、跨界性、全球性、虚拟性、参与性和创新性等特点，具备现代科技的所有特色和优势，主要是为了进一步增进平台各方间的沟通交流和情感互动，创设一种更为高效和新颖的展示互动模式，同时也进一步促进会展业的时代化变革和全面创新发展。

1.冬奥冰雪元宇宙

通过对先进数字技术的有机融合，如 5G、VR、AR 等，为观众呈现一个全新的科奥观景视角，为他们带来全新的感受和体验，这便是冰雪元宇宙的独特魅力所在。巩其昌是这一概念的首创者，他不仅是冬奥首席冰雪规划顾问，也是享誉全球的冰雪大师，"冰雪天国元宇宙"一词是他率先提出的，"冰雪天使元宇宙"也是他创制的，他因此也获得了"冰雪元宇宙的第一人"的美誉。

2022 年，国际冬季奥运会在北京举办，中国移动创新推出了"冬奥冰雪元宇宙"，通过对数字技术的娴熟运用，淋漓尽致地展示了冰雪运动的独特之处和无尽魅力，观众也由此收获了一场视觉盛宴，体验到了一种别样的情感。在数实深度融合加持下，"冬奥冰雪元宇宙"全面运用了 8K 超高清直播,特别是一系列全新数字技术的应用,如 5G+XR、AI 智能字幕、360 度环拍,有效提升了冬奥赛场的数字化水平,同时创制了一个全新的数智分身,即 Meet Gu。元宇宙之音 MetaVoo 对此指出,北京冬奥会开启了虚拟数字人的先河。中国移动是本届冬奥会的官方转播商,对赛事进行了全程全面直播,共计 530+场。而咪咕也紧紧抓住这次有利商机,以赛事母题为基础不断扩展和加深,将自己打造为本届赛事的"热点制造机"。

2. 世界杯元宇宙

随着北京冬奥会的圆满收官,中国移动又将注意力转移到世界杯元宇宙的创新创作中。2022 年世界杯举办过程中,中国移动被批准为卡塔尔世界杯特权转播商,咪咕趁此对转播进行了大胆创新,向世界展示了规模宏大、瑰丽奇妙、绚丽多彩的世界杯元宇宙比特景观,创造了首个 5G 环境下的"世界杯元宇宙"。可以说这是一个全面创新之举,实现了对体育、科技、音乐的深度融合。星际广场、星座·M 通过其独特设计展现了世界杯的元宇宙空间叙事,对于用户而言,可利用渲染技术实现对元宇宙比特形象的一击生成,能够以专属比特身份登录该平台,与网友共同参与赛事的观看和打卡;还可登录星座·M 尽情游览六大比特景区;同时还可以尽享元宇宙比特音乐盛宴带来的感官享受,体验沉浸式视听所带来的特殊质感,即"音乐+科技"所产生的极致视听感,由此引发人们对这一概念的深思和探讨。由相关报道可知,咪咕和抖音也充分认识到元宇宙所具有的特殊功能和价值,充分利用世界杯这一契机加快向该领域探索的步伐。

作为一个全新的领域,元宇宙的构建必须基于一系列先进的数字技术,如数字双胞胎 VR、AR 等,由此所建成的虚拟空间可为用户带来全新的认知和体验,能够向用户提供沉浸式、互动式的活动。基于世界杯所构建的元宇宙世界,用户可在其中与其他球迷共同观看、讨论和互动,还可参与到相关活动中。

央视一直是世界杯的转播方,然而其转播权价格却不断大幅增加。在元宇宙持续快速发展过程中,必将带来世界杯观看方式的深刻变化,越来越多的前沿技术应用其中,为观众的观看、体验带来全新之感。

第二节　绿色环保视角下的会展旅游发展

从环境视角来看,会展业会不同程度地影响生态环境,同时还与城市发展密切相关。在世界经济一体化进程中,会展的规模也会随之增大,频次越来越高,必然带来能耗的增高,废弃物的增加以及交通堵塞等问题的出现,这些都会影响到居民生活及城市环境,同时也会对会展业的持久有序发展产生不影响。

(1)能耗方面。会展进行过程中必然会消耗越来越多的水、电、气等资源,由此会增加会展的成本支出,同时也会对环境产生不利影响。由相关数据可知,会展所耗费的能源量在全球能耗总量中超过了1%的份额,特别是电能的消耗最大,在所有资源耗费中占据了70%以上的份额。有效管控会展业能耗问题成为共同关注的焦点。

(2)废弃物问题。随着会展的推进势必会产生越来越多的废弃物,对这些废弃物进行处理时会加大垃圾处理量,增加由此造成的负担,同时还会导致一定程度的环境污染。因此,最大限度地减少污染物的产生和排放,积极实现绿色会展,是会展业未来发展的必然要求。

(3)噪声和拥堵问题。这方面的问题既会对居民的日常生活产生影响,也会对会展推进的顺畅性发挥一定的作用。因此,会展组织推进过程中必须科学规划交通问题,同时对噪声实施有效控制。

由相关数据可知,我国在2017年所承建和展出的工程总量达到943万平方米,会展结束后所产生的垃圾总量为4 186吨,这一规模与一个中等城市一周内所形成的垃圾量相当。为组织开展更多的会展,越来越多的城市已经建设或准备开建会展场馆,并且要求场馆在占地面积、配套设施、交通网络等方面,均要达到较高的承载力,但有些场馆所承办的会展数量较为有限,因此导致资源浪费情况的出现。会展活动通常将一次性材料作为展台搭建的用材,这些材料在会展结束后也未实现完全回收和充分利用。此外,会展活动还出现了其他方面的浪费,如电力、水力、纸张等,并且也不同程度地存在声、光等方面的污染。

随着绿色环保理念的日益深入，以及可持续发展水平的不断提高，会展旅游受到广泛的重视和支持。它是一种综合性的活动，将会议、展览、商务、旅游深度相融，体现出鲜明的绿色化、一体化和低碳化特点，可实现对该产业持续发展的有力推动。

一、绿色会展概述

（一）绿色会展内涵

2004年，学者马志新在研究后指出，只有那些可持续、可循环的会展才是真正的绿色会展，这是对相关方面实施资源集约化的一个过程，也是实现人与环境和谐共赢的系统工程，既可以对各种资源进行高效开发和合理利用，又可以实现对环境的有效保护。2011年，陈宜平深入具体地阐述了绿色会展的内涵，指出绿色会展是在会展举办的各个方面环节均注重资源的节约和环境的保护，提高资源利用质量和效率，加强对环境方面的检测和保护，将会展所产生的环境负面影响控制在最低限度。为进一步推进绿色会展的时代化前行，2016年商务部发起了设立中国绿色会展联盟的倡议，由流通产业促进中心牵头，会展业相关领域积极参与其中。中国绿色会展联盟的成立，标志着我国资源利用高效化、环境发展友好化模式的建成。该联盟的主要职能体现在以下四个方面：其一为是构建绿色展台；其二为形成绿色展区；其三为创制并实施绿色标准；其四为建设绿色会展互动平台。通过以上阐述可以看出，绿色会展是在相关绿色标准基础上对资源的合理利用和环境的有效保护，是我国构建环境友好型社会的具体体现。

绿色会展需要全面分析会展进程中各方面环节的能耗与环保问题，重视服务、食宿、交通、展品、材料等对环境的影响，最大限度地控制不利因素。一是，绿色会展有利于降低各项活动对环境的负面影响，有效减少能源损耗，有利于管控废弃物的产生，可实现对资源和环境的有效保护，助力城市实现持久稳健发展；二是，绿色会展有利于提升会展质量和形象，进而产生良好的品牌价值，形成对参展商和客户的有利吸引，为会展业的时代化前行提供有力保障。

但也应看到,我国的绿色会展只处于发展的初级阶段,无论理论研究还是实践运行,都需要进行持久深入的探究、借鉴和总结。首先,对于绿色会展的概念仍然缺乏应有的认知,很多会展企业思想观念陈旧,相关研究机构对这方面的关注度不高,相关政府部门并不太在意会展的绿色性,更多的是将经济效益置于首位。其次,各地的会展业虽然存在一定的竞争,但有些竞争却是毫无意义和价值的,纯粹是无效内卷,只是建设了数量众多的会展设施却未能承办相应的会展活动,导致资源的大量浪费,同时还会产生相应的环境污染。再次,会展举办时通常会采用一次性材料,既便于建设也便于拆卸,更方便于回收利用;但从实际情况来看,这些一次性材料的回收率很低,由此产生大量的垃圾。最后,现有的绿色会展标准较低,有些方面甚至处于空缺状态,不利于我国会展业的持久健康发展;同时绿色会展具体实施标准仍然缺乏全面性和领先性,相关规划和方案需要进一步优化提升。

(二)绿色会展旅游的意义

随着全球环境保护意识的提升,绿色环保已经成为各个领域发展的重要指导原则。在会展旅游领域,实施绿色环保策略不仅有助于提升行业的可持续发展水平,还具有深远的社会和环境意义。

1. 促进资源节约与高效利用

绿色环保会展旅游强调资源的节约和高效利用。通过采用节能技术和设备,优化会展场馆和展览搭建的设计,可以显著降低能源消耗。同时,鼓励使用可再生资源和环保材料,减少对有限自然资源的依赖。这不仅有助于缓解资源短缺的压力,还能够为企业和个人节省成本,实现经济效益和环境效益的双赢。

2. 减少环境污染,保护生态平衡

传统的会展旅游活动往往伴随着大量的废弃物产生和污染物排放,对生态环境造成负面影响。而绿色环保会展旅游注重废弃物的分类、回收和处理,通过实施清洁生产和低碳排放等措施,有效减少环境污染。这不仅有助于保护生态平衡,还能够提升会展旅游目的地的环境质量和形象,吸引更多游客和参展商。

3.提升公众环保意识,推动社会进步

绿色环保会展旅游不仅是企业和政府的责任,也需要广大公众的参与和支持。通过会展旅游活动的宣传和展示,可以向公众传递环保理念和知识,提升他们的环保意识。同时,绿色会展的成功实践还能够激励更多的人积极参与到环保行动中来,形成全社会共同推动绿色发展的良好氛围。这种社会进步的力量将有助于推动整个社会的可持续发展。

4.增强国际竞争力,树立良好形象

在全球化的背景下,绿色环保已经成为国际竞争的重要领域。实施绿色环保会展旅游策略的企业和国家将更容易获得国际认可和尊重,从而在国际市场上树立良好的形象和声誉。这不仅有助于吸引更多的国际参展商和游客,还能够为国家和企业创造更多的经济价值和发展机会。

5.促进产业创新,推动经济转型升级

绿色环保会展旅游的实施需要依靠先进的科技和管理手段,这有助于推动会展旅游产业的创新和转型升级。企业可以通过研发和推广绿色技术和产品,提高自身的竞争力和创新能力。同时,政府也可以通过制定相关政策和标准,引导和支持绿色环保会展旅游的发展,推动整个产业的绿色化和可持续发展。

综上所述,绿色环保会展旅游的意义不仅在于保护环境和节约资源,更在于推动社会进步、增强国际竞争力、促进产业创新等多个方面。因此,我们应该积极推广和实践绿色环保会展旅游理念,为构建美丽中国和实现可持续发展目标贡献力量。

(三)会展旅游中绿色环保理念的应用

在"十四五"时期,我国需要进一步强调开展低碳绿色会展的重要性,此外,在整个会议期间,绿色展览的组织者、参展商和其他参与者对环境保护和低碳的认识都得到了提高,进而推动了整个会展行业进入生态链、绿色转型和现代化发展。

在会展旅游中,绿色环保理念的应用至关重要,它涵盖了从筹备到实施,再到后期处理的整个过程。以下是几个关键方面的应用:

1. 绿色场馆建设与管理

（1）在会展场馆的建设过程中，应充分考虑环保因素，优先选择节能、环保的建筑材料，确保建筑本身符合绿色标准。

（2）场馆内采用高效的节能系统，减少能源消耗和碳排放。如合理规划场馆布局，充分利用自然光，减少人工照明需求，减少光污染，提升会展中心的绿色形象；必须照明采用 LED 等高效节能灯具替代传统照明设备，不仅能够有效降低照明能耗，还能提高照明效果，为会展中心创造一个明亮、舒适的环境；设置雨水收集设施，将雨水进行收集、储存和净化处理，然后用于会展中心的冲厕、绿化等用途。这不仅能够有效减少自来水的使用量，节约水资源，还能够降低污水处理成本，实现水资源的循环利用；地源热泵和热能回收系统，进一步提高了会展场馆的能源利用效率。

（3）加强对场馆内环境质量的监测，确保空气质量、噪声水平等符合环保要求。

2. 绿色展览设计与搭建

（1）展览设计应注重简约、实用，避免过度装饰和浪费。合理规划展览布局，减少搭建和拆除过程中的能源消耗。

（2）优先使用可回收的环保展览材料，减少废弃物产生，通过分类回收，不仅实现了资源的高效再利用，还有效减轻了环境压力；鼓励采用可循环、可降解的展览材料。这类材料不仅具有良好的使用性能，还能在达到使用期限后自然降解，从而大幅减少对环境的负面影响。

（3）鼓励参展商采用环保展示方式，如数字化展示、虚拟展示等，减少实体展品的使用。通过这些技术手段，会展行业在降低能源消耗的同时也展现了其对环保责任的积极担当。

3. 绿色会展标准制定

在绿色会展标准的制定上，应秉持严谨的态度，力求构建一套全面而系统的标准体系。这些标准将覆盖从场地选择到能源管理，再到交通运输和餐饮服务的各个环节，旨在确保会展活动的整个流程都能达到最低的环境影响。通过严格的执行和监督，我们将确保每一个会展活动都符合绿色标准，为行业的绿色发展树立标杆。此外，还应制定详细的废弃物管理计划，对废弃物进行分类、回收和处理。

4.绿色交通出行

为了践行绿色发展的理念,推动会展业的可持续发展,鼓励参展商和观众采用公共交通、骑行或步行等低碳出行方式,减少私家车使用和交通尾气排放,降低对环境的影响;提供便捷的公共交通服务,如增设临时公交线路、提供接驳车等,方便参与者出行;同时,会展场馆周边应提供充足的公共交通设施和停车设施,方便参与者出行。

5.绿色餐饮与住宿

提供环保餐饮服务,采用可降解的餐具和环保的包装、清洁用品;推广绿色住宿选择,如选择环保认证的酒店或民宿,提供绿色客房服务等;减少一次性用品的使用,鼓励使用可重复使用的物品。

6.绿色环保理念宣传与教育

通过举办环保讲座、展览以及互动活动等,加强环保理念的传播与教育,提供环保咨询服务,解答参与者关于环保方面的问题。这些活动将针对参展商和观众的不同需求,以生动直观的方式展示绿色低碳生活的重要性,提升他们的环保意识。通过这些活动,让更多的人认识到绿色低碳生活方式对于个人、社会以及地球的重要性,并促使他们在日常生活中践行这一理念。

二、我国绿色会展发展的困境与对策

(一)我国绿色会展发展困境

1.产业链需求与成本因素

随着会展业的持续发展和扩充,其产业链也不断拓展延伸,形成了包含上、中、下游的众多行业领域,他们对于绿色会展的认知和理解也存在很多差异,由此产生诸多问题和困难。在主办方看来,他们将品牌价值的提升作为焦点予以关注,因此非常重视会展的规模与所得利润,通常将华丽的展台作为推广宣传的重要窗口。对于承办方而言,即便是金属材质模块化展具具备自身的特殊优势,如:更为轻便和简约,能够实现再次循环利用,但在报价方面却较为透明,难以获得较大的利润收益,因此通常不予选择。除此之外,绿色会展还会受到其他方面因素的影响制约,如:环保展示材料难以实现量产,只有较少的生产厂家具备相应资质,由此推高了材料的成本和价格。为有效解决这一难题,必须出台针对性的政策措施,同时给予有力的技术支持,以促进环保展示材料的实现科技攻关、持续研发和创新应用。由相关报告可知,对我国绿色会展产生重大影响的因素主要体现在三个方面:一是经济效益低下;二是内驱力较弱;三是研发设计费用过高。为此,必须从政策、技术和经济三个维度入手不断加大对这些方面的引导和支持力度。

2. 主办方行业地位因素

无论是服贸会、进博会还是广交会,它们均为国家级展会,必须体现出优良的环保理念、绿色设计和节能措施。如:进博会为增进自身的绿色环保和生态保护,制定了针对性的标准要求,在设计方面提倡不断优化简化,以免出现过度装饰甚至富丽堂皇的情况;尽量减少木质材料的使用,确保所有搭建材料实现全部回收。之所以做出这样的规定,既出于节能环保、绿色展出的目的,更在于主办方及组织机构在行业中享有较高的威望和话语权。而正是这种高级别的展会才会具备如此的权威性,从而使主办方享有较强的话语权,可实现对参展方环保行为的有力引导和制约。在国家展会品牌这一荣耀加持下,进一步增强了展会的知名度和影响力,可实现对更多参展方的吸引,希望由此得到更为广泛的认可和更加深刻的信任。基于此,主办方便可充分利用其权威性,提出严格的环保限制和要求,进而形成具体适用的标准,确保参展方明确自身应履行的环保义务。相比而言,商业展会所产生的品牌效应明显较小,同时参展商也具有很强的流动性,正是由于商业展会所具有的这种特点,主办方无法硬性要求参展方的环保行为,主要依靠他们的自觉性和自律性加以保持。

3. 政策实施与约束水平因素

虽然绿色会展具有自身鲜明的优势,但在我国仍然没有得到足够的重视和支持,主要是因为我国至今尚未形成明确具体的法律规定。即便是在商务部的有力推动下也难以真正实现绿色会展。国家有关部门也发布实施了一系列评价指南和标准办法,但这只是一些具有倡导性的政策文件,并不具备法律强制力。如:《绿色展台评价指南》(GB/T 41129—2021)虽然规定了相关评价指标,对于原料、废弃物、能耗以及噪音、粉尘、毒害气体等,均做出了明确具体的规定要求,但相关指标只能在展台设计搭建环节发挥作用,无法实现对全程的覆盖和监管。绿色会展应是全程化、全面化的节能环保,无论是筹备设计、现场布置还是展出过程、撤场清理,都应体现出应有的绿色理念和举措。因此,必须以全面系统的法律法规为支撑,同时形成科学完备的标准办法,才能助力会展的绿色发展。这就需要针对性出台完善相关法律法规,同时加强执行落实和监督检查,保证会展活动具有良好的循环性和环保性。除此之外,还应进一步强化教育宣传,增强从业者及民众的环保意识,形成助推绿色会展发展的合力。

(二)我国绿色会展可持续发展路径与对策

1. 政策约束与激励并举

应基于会展业发展实况,出台实施针对性的激励约束政策和措施,可从下述几方面入手:首先,需要政府不断强化政策引导和常规监管,形成更为严格、科学的绿色会展政策,提出明确、具体的环保指标和详细要求,针对那些违反环保规定的活动必须立即予以制止并责令整改。同时还应重视教育宣传和推广创新,不断增进行业企业对绿色会展的重视度,促进他们更为自主地参与绿色会展活动,展现出良好的绿色理念和行为。其次,还需要政府加大财政和税收支持力度,设置专门的绿色会展基金,凡是在会展活动期间做出良好环保表率的企业,都要给予他们及时有力的表彰奖励和资金支持,从而形成正确的引导与鼓励,助推会展行业坚定地朝着绿色方向发展。除此之外,还应基于观众、参展商的相应行为表现,给予他们相对等的税收优惠,促进绿色会展持久有序发展,不断增强自身吸引力和竞争力。再次,还需要政府更为深入地实施行业自律和认证政策,引导会展行业设立行业协会,负责行业准则规范的制定与实施,不断增强行业企业的自律行为。最后,积极开展相关认证工作,通过引入具备相应资质的第三方认证机构,形成对绿色会展活动的及时有效认证,确保绿色会展具有良好的品质和较高的可信度,助力会展业不断增强自律性,持续加强自我管理和约束,有效提升行业的环保意识和实现能力。通过以上阐述可以看出,深入推进绿色会展过程中必须立足行业现状和发展需求,出台实施科学高效的约束激励政策,分别以财政、税收、行业和认证作为切入点,确保会展业实现持久、绿色发展。上述举措的执行与落实,必然会助推会展业发展更具持久性、高效性、环保性,助力经济社会的时代化前行。

2. 构建起展会废弃物处理系统

根据展会所产生废弃物的规模、种类等,建立展会废弃物处理系统,加强标准检验、环境评估、质量验收,为展会垃圾全面利用提供有力支持。首先,重视标准的指引和决定性作用,这是实现展会垃圾全面利用的基本标杆,如果标准缺乏明晰性则难以确保整个流程环节的有序推进。因此,首要的是形成详尽具体、明晰有效的标准,同时还要保证相关人员深刻理解、真正履行标准要求。其次,全面高效推进环境评估工作,使之涵盖所有流程环节,从而实现源头污染的防治。验收过程中还应全面具体地检验展台搭建的环保性,针对所用材料实施全面质检,保证其中的甲醛含量符合规定。为缩短验收用时、删减相关中间环节,应采取更为便捷的手检设备,采取现场检测的方式进行,不仅有利于确保验收质量和效率,还有利于提升验收的精准度。除此之外,还应进一步加强与利废企业的合作,形成与它们的深度对接,保证废料能够更加快捷高效地实现回收,并直接入场处理,最大限度地避免中间环节的干扰,从而提高废物回收利用质效。

3. 推行展览垃圾场馆内处置管理

为有效减少场馆内的垃圾存量,并最大限度地避免由此产生的环境污染,必须对现场所产生的垃圾进行初级处置,有效控制现场垃圾所产生的环境污染,这有利于提高从业人员、参展者及观众的环保意识,助推会展业持久健康、有序高效发展。为此,可采取下述措施加以实现:首先,将回收点搭建在展馆内,然后基于展台制作全程以及撤展后遗留的废弃物,实施针对性的分拣、破碎、压缩、打包及装运等,然后直运到指定的回收点。如此一来,不仅有利于提升运输效能,扩展更多的存储空间,还可以形成对回收成本的有效管控,最大限度地减少或避免运输中所产生的二次污染,提高垃圾回收效率。其次,利用先进的设施设备,强化与利废厂家的合作,形成垃圾回收利用的合力,提高垃圾回收利用质量和效率。

4. 优化绿色会展展馆配套规划

首先,深入具体地调研会展场馆情况,全面了解相关实施设备状态。根据调研结果形成具体的优化策略措施,如完善废弃物处理系统、增强环保设施功能等,促进场馆有效提升自身环保能力和废弃物处理水平。其次,针对建设中的场馆,必须在规划时便充分考虑环保问题,对回收车间所需的空间给予充分预留,便于对展会垃圾实施初级处理,同时保证新建场馆具备较强的垃圾处理能力。再次,针对性研制符合不同场馆实际需求的环保设备,如具备分拣、破碎和压缩等功能的设备,以便增强场馆对垃圾的处理能力,提高场馆环保水平。从次,全面深入地调研利废企业,全面掌握其运行能力,深入了解企业在技术、资金、设备、人才等方面的现状,重点扶持具有较强能力和优质资质的试点单位,给予他们及时有力的政策扶持和资金支持。最后,制定具有针对性的回收标准,并要求馆方、搭建商坚决予以执行和落实,同时出台相应扶持政策。对于利废企业而言,这些政策措施不仅有利于其专业能力的提升,而且会有效助力会展业的绿色发展,形成持久有力的保障和支撑。

5. 实施环保展具的过渡工作

全面推进绿色会展过程中,必然以相应标准为依据,运用相关材料并参照一定的范例实施,因此,必须制定科学具体的标准,加强对相关材料的研发,重视示范引领作用的实现。当传统材料成为主流时必须正视其存在的问题,全力做好回收利用工作,不能只是一味地取缔。在这种情形下,必须将传统材料的应用和环保材料的创新推广有机结合,促进企业持久有序发展,同时实现对资源的循环高效利用。但如果标准模糊则会导致各地适用的不一,由此引发结果的巨大差异。当前环保材料仍然无法实现量产,市场需求有限,同时价格明显较高,由此必然引发成本的上涨。随着新型环保材料的量产,以及市场需求的日益旺盛,对市场的填补也会不断增大,但仍然无法实现对老旧材料的替代。在这一情形下,必须循序渐进地加强对新材料的推广应用,同时针对性优化标准和监管,从而实现经济效益与环境保护的均衡。

三、中国进出口商品交易会绿色发展案例

广交会作为我国当前最具规模性、层次性和效益性的综合性商贸展会,始创于1957年,自创办以来,共举办了133届商品贸易会,是中国商贸展览

领域的引领者和代言人。但在经济社会发展过程中发生了更多难以管控的环境问题,数量日益庞大、种类更为繁多的展会垃圾成为困扰展会举办的重大阻滞因素。为此,在第 111 届广交会上我国率先提出了打造绿色会展的倡议,积极引导、大力鼓励特装施工企业的参与,由他们对展会的环保性做出分析和评价,同时倡导使用新型环保材料,不断提高设计、布展能力。在这一倡议引导下,自 2017 年起广交会便进入了全面提质增速阶段,绿色会展发展趋向日益明显。随着第 212 届广交会的举办,绿色展会理念更加深入人心,特别是外贸中心制定推行的《广交会绿色发展 2.0 计划》进一步加速了绿色展会的进程,该计划被视为绿色发展的升级版,主要是为了建立起全新的广交会绿色发展体系,体现出鲜明的标准化、系统化、标杆化和数字化特点,不断加强源头管控,进一步重视过程监管,有效增进末端治理,大力推广应用专业展览型材,对会展固体废弃物进一步细分,不断提高分拣处理能力,主动参与本行业各层级绿色标准的制定,构建起更为科学合理的指标体系,进一步加强绿色发展品牌推广,有效激发参与者的责任意识,创设良好的绿色会展发展环境。

具体而言,广交会绿色发展的实现需要从以下几个方面入手:其一,吸引更为丰富多样的绿色低碳产品参与展览。通过不断扩展和延伸,广交会所涵盖的行业领域更加广泛,特别是 70 余家行业头部企业积极参展,超 15 万件低碳环保、绿色节能产品得以展出,促进了我国绿色产业的国际化发展。其二,构建起绿色展示标准。通过积极借鉴和总结创新,形成了一系列绿色展示标准,并要求参展商必须严格按照标准要求展示,有力推进了绿色可持续目标的实现。其三,对材料技术等方面的创新。通过积极引导、广泛鼓励,激发参展商的创新积极性,促进他们针对材料、技术等方面展开深入持久的研发和创新,更好地达成节能环保目标,提升自身竞争能力。其四,重视环保宣传。在场馆内选择恰当的位置作为环保主题展示区,在该展示区展出各种环保产品及相关技术等,从而达到宣传环保理念、共同关注环境、节约利用资源的目的。其五,积极实现垃圾分类。主要是根据垃圾类型设置相应的垃圾桶,引导观众和参展商主动实施垃圾分类,提高垃圾回收利用效率。广交会所提倡的"绿色展示行动"赢得了广泛支持和赞誉,通过多年的努力有力提升了绿色发展质量。由相关数据统计可知,从 2013 年起广交会所倡导实施的"绿色展示行动"已成功举办六年,共推出参展位 9 000 余个,节能 6 万多吨,减排 18.3 万吨,实现了对环境污染的有力管控。

四、绿色会展未来发展趋势

随着全球环境保护意识的提高和绿色经济的崛起,绿色会展已经成为全球展览行业的一个重要趋势。据统计,目前全球每年举办的绿色会展已超过 5 000 场,覆盖了环保、新能源、可持续发展等领域。在我国,绿色会展得到了广泛的关注和支持。根据国家对外贸易中心的数据,我国每年举办的环保展览会超过 2 000 场,其中包括"中国环保展""中国新能源车展""中国太阳能光伏展"等重要的绿色会展活动。《国务院关于加快建立健全绿色低碳循环发展经济体系的指导意见》(国发〔2021〕4 号)中明确提出,"推进会展业绿色发展、推动办展设施循环使用。"此外,近年来,国家在环保领域的政策和投资也为绿色会展提供了更有利的发展环境。

随着人们环保意识的不断提高和技术的不断进步,绿色环保会展旅游将呈现以下发展趋势:

(一)技术驱动,线上线下融合

更多先进的环保技术和设备将被应用于会展旅游领域,如智能节能系统、可再生能源利用技术等,进一步提升会展旅游的绿色环保水平。此外,绿色会展的形式也将更加多样化,如线上展览、虚拟展馆等。一些新兴技术(如区块链、人工智能等)也将被应用到绿色会展中,为展商和观众提供更多服务和增值功能。

(二)跨界融合,多元化主题

绿色环保理念将与其他相关领域进行深度融合,如生态旅游、文化旅游等,共同推动会展旅游业的创新发展。多元化的主题和形式随着环保和可持续发展的理念逐渐深入人心,绿色会展的主题变得越来越多元化。未来的绿色会展将不仅仅关注环保和新能源领域,还会涉及健康、安全、社会责任等方面的主题。

(三) 政策引导可持续性和低碳化

政府将出台更多支持绿色环保会展旅游发展的政策措施,如提供财政补贴、税收优惠等,鼓励企业和个人积极参与绿色会展旅游活动。绿色会展将更加注重可持续性和低碳化。绿色建筑和可再生能源将更加广泛地应用于绿色会展,同时展馆的运营也将更加环保和节能。此外,一些低碳技术如碳中和、碳减排等也将在绿色会展中得到广泛应用,为展览行业的可持续发展提供支持。

(四) 塑造企业品牌

会展旅游企业应时刻关注环境保护与可持续发展,积极树立绿色、环保的企业形象,这不仅是社会责任的体现,更是企业长远发展的基石。在履行社会责任方面,会展旅游企业应主动参与到环保公益活动中来,通过实际行动传递绿色环保理念。例如,组织员工参与植树造林活动,不仅可以美化环境,还能提升员工的环保意识和责任感。企业还可以利用自身的影响力,开展环保宣传活动,向公众普及环保知识,引导更多的人参与到环保行动中来。会展旅游企业还应将绿色低碳理念融入品牌塑造中,通过绿色会展、绿色旅游等创新实践,展示企业的环保形象。在会展活动的策划和执行过程中,企业应注重减少对环境的影响,如使用可再生材料、降低能源消耗等。在旅游服务方面,企业可以推出绿色旅游产品,如生态旅游、低碳旅游等,引导游客树立绿色出行理念,共同保护地球家园。

通过积极履行社会责任、参与环保公益活动以及塑造绿色品牌,会展旅游企业不仅能够提升自身的社会影响力和公众形象,还能在激烈的市场竞争中脱颖而出,赢得消费者的信任和支持。会展旅游企业应充分认识到社会责任的重要性,将绿色发展理念贯穿企业发展的全过程,为实现可持续发展贡献力量。

绿色环保视角下的会展旅游发展符合当前社会发展和环境保护的需求,具有广阔的前景和潜力。通过加强绿色环保理念的应用和推广,可以推动会展旅游业的可持续发展,为构建美丽中国贡献力量。

参 考 文 献

[1] 许欣,万红珍.会展旅游[M].重庆:重庆大学出版社,2015.

[2] 樊国敬.会展旅游[M].武汉:华中科技大学出版社,2011.

[3] 汤蕾.会展旅游的系统分析与评价:以郑州市为例[D].开封:河南大学,2004.

[4] 王丽娜.河南省会展业发展研究[D].咸阳:西北农林科技大学,2012.

[5] 杨晓冬.北京雁栖湖国际会都会展旅游发展策略研究[D].兰州:西北师范大学,2019.

[6] 陈鲁梅.河南会展业竞争力研究[J].中州大学学报,2014,31(2):21-26.

[7] 朱瑞平.河南省会展旅游发展对策研究[J].对外经贸,2020(11):111-113.

[8] 侯冰.郑州发展会展旅游的对策研究[J].漯河职业技术学院学报,2008,7(6):92-93.

[9] 黄阿琼,王艳辉,张爱国.郑州发展会展旅游的思考[J].河南科技大学学报(社会科学版),2008,26(5):77-80.

[10] 彭筱星.郑州会展旅游发展模式研究[J].生产力研究,2013(5):103-104.

[11] 郭琳,丁浩然.郑州市会展旅游发展研究[J].西北农林科技大学学报(社会科学版),2004,4(3):51-55.

［12］ 冯俊琪,张艳玲.国内会展旅游存在的问题及对策探析［J］.商展经济,2022(15):1-3.

［13］ 汤楠.基于 CiteSpace 的国内会展产业研究可视化分析［J］.商展经济,2022(11):15-19.

［14］ 查建国,陈炼.加速培育会展成为经济发展的新动能［J］.中国会展,2022(5):42-45.

［15］ 林琼芬.国内会展旅游存在的问题及对策探析［J］.佳木斯职业学院学报,2022,38(1):49-51.

附　　录

郑州市会展业促进条例

郑州市人民代表大会常务委员会公告〔十五届〕第三十六号

《郑州市会展业促进条例》已经郑州市第十五届人民代表大会常务委员会第三十八次会议于 2022 年 8 月 31 日审议通过,河南省第十三届人民代表大会常务委员会第三十五次会议于 2022 年 9 月 30 日审查批准,现予公布,自 2022 年 12 月 1 日起施行。

第一条　为了规范会展活动,打造国际会展名城,促进会展业高质量发展,根据有关法律、法规,结合本市实际,制定本条例。

第二条　本市行政区域内会展业的促进、服务和规范,适用本条例。

国家对会展业和会展活动管理另有规定的,从其规定。

第三条　本条例所称会展业,是指通过举办会展活动,促进工业、贸易、科技、文化、旅游、物流等领域发展的综合性现代服务业。

本条例所称会展活动,是指举办单位通过招展方式,在特定场所和一定期限内,组织参展单位按照特定主题进行物品、技术、服务等展览,为参与者提供商务洽谈、交流合作、技术推介、营销展示、现场体验等服务的商务性活动,但以现场零售为主的展销活动除外。

第四条 会展业发展应当遵循市场运作、政府引导、公平竞争、行业自律的原则,坚持专业化、国际化、品牌化、信息化方向,倡导低碳、环保、绿色理念,加强产业联动,推动经济社会高质量发展。

第五条 市人民政府应当组织有关部门编制会展业发展中长期规划,纳入市国民经济和社会发展规划。

市、县(市)、区人民政府应当建立联席会议制度,研究解决会展业发展中的重大事项,统筹协调重大会展活动的服务保障工作。

第六条 市、县(市)、区商务部门是会展业主管部门,负责本行政区域内会展业的综合协调、行业管理等工作。

发展改革、财政、公安、自然资源和规划、城乡建设、应急管理、消防救援、市场监督管理、城市管理、卫生健康、交通运输、文化广电和旅游、物流口岸等部门和单位按照各自职责,做好会展业相关工作。

市会展业促进机构具体负责全市会展业产业培育、宣传推广、政策咨询以及会展活动的服务保障等公共事务。

第七条 与会展业相关的行业组织应当加强行业自律,开展市场调查研究、服务规范制定、会展业务培训,促进行业信息交流与合作,调解会展活动纠纷,引导行业规范运营,推动行业公平竞争、有序发展。

第八条 市商务部门应当会同自然资源和规划等部门,编制会展场馆布局规划,按照规定程序报经批准后,向社会公布并组织实施。

经批准的会展场馆布局规划不得擅自变更。确需变更的,应当按照程序报经批准。

第九条 市、县(市)、区城乡建设、城市管理、交通运输、文化广电和旅游、商务、通信管理等部门,应当按照会展场馆布局规划的要求,支持会展场馆以及市政、交通、餐饮、住宿、物流、通信等配套设施建设。

发展改革、自然资源和规划、城乡建设等部门在办理会展场馆建设项目的相关行政许可手续时,应当征求商务部门的意见。

第十条 加强会展场馆信息管理,推动馆展互动、信息互通,提高场馆设施使用率。

第十一条 市人民政府安排的会展业发展专项资金,纳入本级财政预算,用于会展品牌引进与培育、产业融合、宣传推广、人才培训、信息化建设等会展业促进工作。

县(市)、区人民政府根据实际安排相应的资金,支持会展业发展。

第十二条　市、县(市)、区人民政府及其有关部门应当结合地方产业发展特色,制定政策措施,搭建资源共享平台,创办品牌会展活动,推动会展业与制造、商贸、文化、旅游、体育等产业融合发展,扩大会展业溢出带动效应。

第十三条　建立区域会展业合作机制,发挥本市区位交通、物流枢纽优势,通过联合办展、联合推广、品牌合作等形式,举办具有区域影响力的品牌会展活动,增强国家中心城市辐射带动力。

加强会展业国际交流与合作,积极引进和申办国际知名会展活动。支持有实力的会展企业境外办展,加大对外宣传推广力度,提升本市会展业的国际影响力。

第十四条　本市建立政府办展退出机制。政府按照规定举办会展活动的,可以采取公开招标、竞争性谈判、询价等方式,向社会购买服务,推行市场化运作。

鼓励社会资本参与会展项目运营、会展场馆及其配套设施建设。

鼓励商业银行、保险、信托等金融机构依法拓宽会展业融资渠道,优化服务方式,为会展业发展提供资金支持。

第十五条　支持中小会展企业发展,培育壮大会展市场主体。鼓励组建具有区域和国际竞争力的大型会展企业。

鼓励境内外举办单位、服务单位、行业组织等在本市设立机构、举办会展活动、开展项目合作。

第十六条　建立会展业人才培养和引进机制,并纳入本市人才管理工作计划。

支持引进符合本市需求的高层次、紧缺会展业人才,根据规定在住房、子女就学等方面给予保障。

支持高等院校、职业院校、培训机构、行业组织与举办单位、场馆单位、服务单位加强合作,建立会展培训和实践基地,培养符合市场需求的会展业人才。

第十七条　鼓励会展业态创新和模式创新,推动传统会展项目数字化转型升级。

支持举办单位运用现代信息技术手段,整合现有会展资源,依托线下品牌会展活动,开通线上展览,打造网络会展品牌,提升展览展示、宣传推介、经贸洽谈等效果,促进线上线下融合发展。

第十八条　会展场馆的设计、建设、使用,应当按照有关规定应用环保节能技术。

推动在会展活动中使用低碳、环保的材料、产品、设备和技术。

第十九条　市、县(市)、区人民政府应当在本级政务服务大厅和网上政务服务平台开设会展服务窗口,实行综合受理、分类审批、一窗通办、一网通办。

公安、城市管理、文化等部门办理会展活动相关许可后,应当及时将许可信息归集至政务数据共享交换平台,实现政务数据共享和业务协同。

举办单位申请年度内在同一场馆举行同等规模、相同内容的多场次会展活动的,相关部门可以按照规定采取一次许可的方式办理。

第二十条　县(市)、区商务部门应当会同公安、应急管理、消防救援、市场监督管理、城市管理、卫生健康等部门和单位,对会展活动进行现场联合检查,维护会展活动正常秩序。

市、县(市)、区市场监督管理、知识产权管理、城市管理等部门和单位,根据会展活动需要,派员进驻会展场馆,在醒目位置公布投诉举报电话,及时提供政策咨询,调解侵权纠纷,接受并处理投诉。

第二十一条　市人民政府应当建立重大会展活动综合保障机制,组织开展安全保障、交通协调、人员疏导、突发事件处置等工作。

国际性、国家级等高端会展活动或者展览面积达六万平方米以上的大型会展活动,举办单位向市商务部门提出申请的,由市商务部门提请市人民政府启动综合保障工作。

第二十二条　举办单位应当依法落实会展活动安全主体责任,在活动举办前进行安全风险评估,制定安全工作方案和应急预案,加强安全检查和管理。

场馆单位应当建立场馆安全管理制度,在会展场馆配备安全检查、安全防范、疫情防控、应急照明、消防救援等设施设备和必要的专业人员,做好安全管理相关工作。

参展单位、服务单位应当按照规定履行安全责任,配合做好安全管理相关工作。

第二十三条　市、县(市)、区人民政府应当建立会展活动突发事件预警机制和应对机制,及时组织有关部门处置突发事件。

会展活动期间出现安全风险或者发生突发事件的,举办单位应当立即启动应急预案,并向公安、应急管理等部门报告。

第二十四条　市、县(市)、区人民政府应当完善会展活动知识产权保护机制。

支持会展企业通过专利申请、商标注册等方式,保护和开发利用品牌会展名称、标识、商誉等无形资产。

第二十五条　市商务部门应当会同统计部门按照国家有关规定,制定会展业统计调查制度,建立会展业统计数据库,对会展业发展情况进行监测和评估。

第二十六条　举办单位发布招展信息应当遵循合法、真实、准确的原则,不得发布虚假或者引人误解的信息。

已经发布招展信息的,举办单位不得擅自变更其名称、主题、范围、时间、地点等事项或者取消会展活动;确需变更或者取消的,应当依法办理相关手续,及时告知参展单位、场馆单位和相关部门,并向社会公布。

第二十七条　参展单位在会展活动期间不得有下列行为:

(一)从事与会展名称、内容不符的展览活动;

(二)进行虚假或者引人误解的宣传;

(三)展示、展销假冒伪劣商品;

(四)侵犯他人知识产权;

(五)扰乱会展活动秩序的其他行为。

举办单位应当在会展现场设置投诉处理点,或者委托律师事务所、仲裁机构、调解组织、公证机构等法律服务机构进驻现场处理纠纷。

第二十八条　违反本条例规定的行为,法律、法规已有法律责任规定的,从其规定。

第二十九条　本条例自 2022 年 12 月 1 日起施行。

郑州市人民政府关于印发郑州市支持 会展业高质量发展若干措施的通知

郑政文[2024]35 号

各开发区管委会,各区县(市)人民政府,市人民政府各部门,各有关单位:

现将《郑州市支持会展业高质量发展若干措施》印发给你们,请遵照执行。

郑州市人民政府

2024 年 3 月 14 日

郑州市支持会展业高质量发展若干措施

为推动我市会展业提质升级,加快建设郑州国际会展名城,强化会展活动激发市场活力、促进社会消费、助推产业发展作用,根据《郑州市会展业促进条例》《郑州市人民政府关于加快建设国际会展名城的实施意见》(郑政〔2024〕6号)等精神,结合我市实际情况,制定以下措施。

一、支持展览培育创办

1. 积极培育产业契合度高、发展潜力大的展览项目,鼓励举办单位新创办本地展览项目,第1、2、3届展览面积达5 000平方米以上的,按每百平方米3 000元的标准给予奖励;第4、5、6届展览面积达10 000平方米以上的,按每百平方米2 000元的标准给予奖励。每届奖励总额不超过150万元。

2. 支持本地相同题材的中小专业展览实现联合办展、共创品牌,由两个以上举办单位分别举办3届以上的展览项目进行资源整合,整合后规模达到2万平方米以上的展览,视作新创办展览进行奖励。

二、支持展览做大做强

1. 鼓励本地展览增量扩容,对7届以上、1.5万平方米以上的本地展览项目,以其历史最大规模为基数,每增长1 000平方米奖励2万元,每届奖励总额不超过100万元。

2. 单届展览面积达到6万平方米以上的贸易类展览,给予奖励30万;单届展览面积达到2万平方米以上的消费类展览,给予奖励10万元。

三、支持引进专业展览

积极引进专业展览项目在我市举办,规模达到1万平方米以上的全国性专业展览项目,第一年(届)按每百平方米2 000元的标准给予奖励;自第二年(届)开始,以第一年(届)的标准为基数,在其连续举办年份(届数)内,奖励标准每年(届)每百平方米增加200元。奖励次数最高不超过六年(届)。

四、支持举办重大展会活动

推动会展业与城市定位协调、与城市品牌互动、与产业特色融合,围绕本市主导产业、优势产业、新兴产业、未来产业,支持举办一批影响力大、带动力强、综合效益好的国际性、全国性的重大展会活动,采取"一事一议"的办法确定申办费、筹办费或服务费等予以支持。

五、支持会议节庆协同发展

对在我市举办的商务性或学术性会议以及特色品牌商业节庆活动,会期达2天以上、参会人数500人以上、累计住宿酒店房间达500间夜数以上的,按实际缴纳会议(节庆活动)场租费的50%给予奖励,单个项目最高不超过50万元;由全国性行业组织、机构或世界500强企业主办的会议(节庆活动),奖励标准和总额上浮50%。

六、支持展会品牌化国际化

1.对被评定为"郑州品牌展会"的项目,给予20万元一次性奖励。对经全球展览业协会(UFI)、国际大会及会议协会(ICCA)等国际性组织认证的本市会展机构或项目,给予20万元一次性奖励。

2.对分别符合本文第一、二、三条的国际性展览项目,境外参展商的数量占比达20%以上、来自境外3个以上国家或地区的,奖励标准和总额分别上浮50%;对符合本文第五条的国际性会议或节庆活动,境外参会人员的数量占比达 20% 以上、来自境外 3 个以上国家或地区的,奖励标准和总额上浮 50%。

七、支持展会创新升级

鼓励会展业态模式创新,推进会展项目数字化升级,促进线上线下融合发展。对办展单位依托线下展览项目实施应用云计算、大数据、物联网、区块链、人工智能等技术的创新项目,实际投资达 50 万元以上的项目完成后,按照项目实际总投资额的 30% 给予一次性奖励,最高不超过 30 万元。

八、支持市场主体培育壮大

支持引进国际国内知名会展企业落户郑州,对在我市新注册落户、两年内完整会计年度会展主营业务收入达到 1 000 万元以上的会展独立法人机构,给予 30 万元一次性奖励。支持我市会展企业健康快速发展,培育壮大市场主体,激发市场主体活力,对完整会计年度会展主营业务收入超过 5 000 万元、1 亿元的本市独立法人机构,分别给予 50 万元、100 万元一次性奖励。

九、支持会展业宣传推介

对本市会展企业参加市会展主管部门组织的境内外会展业宣传推介活动并设置展位的,按照实际支出注册费、场租费的 50% 给予奖励,每家企业每年最多不超过 20 万元。

市财政每年预算安排会展业高质量发展专项资金,支持郑州市会展业高质量发展,用于会展项目和主体的培育引进、重大会展活动的筹办申办,以及宣传推广、人才培养、行业交流、规划调研、统计评估、信息化建设等基础性、保障性工作。本政策措施自 2024 年 3 月 1 日起施行,有效期 2 年,原《郑州市人民政府办公厅关于修订印发郑州市会展业发展专项资金管理办法的通知》(郑政办文〔2016〕64 号)同时废止。同一主体、同一项目符合同一类型的多项奖励标准的,按照就高不重复的原则给予支持。具体实施细则、资金管理办法由郑州市商务局、郑州市会展业促进中心会同郑州市财政局另行制定。

河南省人民政府办公厅
关于进一步促进展览业改革发展的实施意见

豫政办〔2017〕131 号

各省辖市、省直管县(市)人民政府,省人民政府各部门:

展览业是构建现代市场体系和开放型经济体系的重要平台,在我省经济社会发展中的作用日益凸显。为深入贯彻落实《国务院关于进一步促进展览业改革发展的若干意见》(国发〔2015〕15 号),促进我省展览业加快改革发展,经省政府同意,现提出如下实施意见。

一、总体要求

(一)指导思想。认真贯彻落实党的十九大精神,牢固树立创新、协调、绿色、开放、共享发展理念,围绕我省建设现代服务业强省目标,深化改革,开拓创新,坚持市场化、专业化、国际化、品牌化、信息化方向,加快培育现代服务业新兴产业,大力推进展览业市场化,加快展览业转型升级,促进展览业集群发展,不断提高我省展览业的整体水平和国际竞争力。

(二)发展目标。依托我省区位、交通、物流、产业等优势,坚持市场化、专业化、国际化、品牌化、信息化方向,加快展览业转型升级。到 2020 年,在全省打造 20 个市场化程度高、产业带动力强、具有较强国际竞争力的品牌展会,培育 60 个以上在全国具有较大影响力的大中型专业展会,培育壮大一批市场运作能力强、管理服务水平高的展览龙头企业,展览业综合实力进入全国前 10 名,形成以郑州为中心,多市协同发展,结构优化、功能完善、竞争有序、特色鲜明的展览业体系,显著提升我省展览业的整体水平和国际竞争力。

二、深化管理体制改革

（一）加强组织领导。建立由省商务厅牵头,发展改革、教育、科技、公安、财政、文化、工业和信息化、地税、工商、国税、海关、出入境检验检疫、质监、统计、知识产权、贸促等部门和单位参加的省展览业改革发展联席会议制度,制定全省展览业发展战略规划、政策标准,协调解决发展改革过程中的重大问题。健全以展会举办地商务部门为主、展会主办单位注册地商务部门为辅的展览项目监管体制。完善展览业管理体制机制,加强对展览活动的事中事后监管。深入落实国家展览业改革政策,运用现代信息技术,推行网上信息备案管理,优化我省展览业发展环境。

（二）加快市场化进程。按照党政机关境内举办展会活动的相关规定,严格规范各级党政机关办展行为,对党政机关首次和再次举办的展会活动,严格按照程序审批。减少财政出资和行政参与,完善党政机关办展退出机制。放宽市场准入条件,着力培育市场主体,拓展展览业市场空间,不断提升展览设施投资建设及管理运营的市场化、专业化程度。

（三）发挥中介组织作用。支持展览业协会等中介组织加快发展,鼓励中介组织参与行业标准制定,推进行业标准化建设,开展行业发展规律和趋势研究,发挥中介组织在行业宣传、统计、交流、培训、自律等方面的积极作用,促进展览业健康有序发展。支持展览业协会与贸易促进机构等组织合作,深入开展行业交流,搭建拓展对接平台,吸引更多展览组织机构、专业展览公司来我省举办展会。

三、推动展览业创新发展

（一）加快信息化进程。编制全省会展业发展指导目录,建设河南会展管理平台和数据库,为会展活动和办展企业提供信息交流服务。推动云计算、大数据、物联网、移动互联技术等在展览业应用,发展新兴展览业态,开展服务创新、管理创新、市场创新和商业模式创新。鼓励企业构建会展业电子商务平台,形成线上"虚拟展会"与线下"实体展会"互动融合,拓展会展业发展空间。

（二）优化展览业布局。围绕中原城市群建设,科学谋划我省展览城市布局。积极推进郑州市国际会展名城建设,打造高端会展核心区。支持其他省辖市打造具有产业优势的区域性品牌展会,鼓励各地举办具有地方特色的主题展会。积极推进展馆管理运营机制创新,优化提升现有展馆设施功能,完善展馆管理措施,提高展馆使用效率,打造功能错位、特色鲜明、配套完备的展览业设施体系。

（三）培育龙头展览企业。支持有实力的骨干企业通过收购、兼并、控股、参股、联合等形式组建具有国际竞争力的展览集团。整合现有展览企业和场馆资源,鼓励展览企业通过资本市场发展壮大,支持有条件的展览企业上市融资。大力引进国内外知名展览企业落户我省,支持本地企业与国际知名展览机构建立合作关系,提升管理水平,在会展服务各环节培育一批专业性强的骨干企业。

（四）实施展览品牌战略。支持中国（河南）国际投资贸易洽谈会、郑州全国商品交易会、中国农产品加工业投资贸易洽谈会、中国（郑州）国际汽车后市场博览会、中国（漯河）食品博览会等品牌展会进一步做大做强。引导中国（郑州）国际磨料磨具磨削展览会、中国（郑州）国际糖酒食品交易会、洛阳机器人暨智能装备展览会、南阳玉文化博览会、河南民权制冷装备博览会、中原畜牧业交易博览会等一批具有产业基础和地域特色的展会提升服务水平,加强营销宣传,树立品牌形象。积极培育新能源电动汽车、餐饮、旅游、特色农业、电子商务、智能终端、中药材等专业展会。

（五）推动展览业集群发展。依托我省历史文化底蕴和丰富旅游资源,推动品牌展会与文化旅游节会融合发展,创新商业模式,培育新的增长点。大力发展以交通、物流、通信、金融、餐饮、住宿等为支撑,以信息咨询、广告策划、展示设计、展具租赁、展场服务等为配套的产业集群,增强产业链上下游企业的协同能力,构建行业配套、产业联动、运行高效的展览业服务体系。

（六）深化国际交流合作。鼓励我省展览机构与国际知名展览业组织、展览业发达国家和地区开展交流合作,学习借鉴国际先进办展办会理念和管理经验,积极争取增加我省经国际组织认证的展览业机构和展会数量。主动参与国家"一带一路"建设及多边、双边、区域经贸合作,引导我省展览企业到境外举办农业、食品、有色金属、装备制造、建筑建材装饰等专业展会,促进产业升级和产能转移。积极参与国家"中华文化走出去"工程,支持举办中原文化、文物精品等境外展览,培育境外品牌展会项目,努力构建境外参展办展新格局。

四、优化展览业市场环境

(一)加强知识产权保护。建立展览业品牌保护机制,鼓励引导各类展览企业通过专利申请、商标注册等方式,开发利用展览名称、标志、商誉等无形资产,提升对展览业知识产权的创造、运用和保护水平。按照展会主办方负责、政府监管、社会公众参与监督的原则,推动落实参展企业知识产权保护承诺制度。强化对参展商的审核,打击侵权和假冒伪劣,提升展会维权、援助、举报、投诉和信息协调处置能力,建立完善展品商标侵权举报投诉受理处置机制,优化展会知识产权保护环境。

(二)提高展品通关便利化水平。进一步优化展品进出境监管模式,实行 24 小时预约通关制度,提高通关效率。大型展览活动期间,关检单位根据实际需要设置进出境人员、物资专用通道,为进出境参展客商、展品提供通关便利。支持展览业重点企业申报海关高信用企业,争取适用海关通关便利措施。积极探索适合展览企业的通关模式,探索建立展览企业"绿色"通道,试点在展馆设立检验检疫监管区。检验检疫部门在风险评估的基础上,简化展品审批备案手续,完善重要展会现场服务监管措施,指导做好展品展后处置工作。

(三)完善行业诚信体系建设。加快建立覆盖展览场馆、办展机构和参展企业的展览业信用体系,加强对展馆、办展机构和参展企业事中事后监管。建立展览业从业单位信用档案和违法违规的信息披露制度,推动部门间监管信息共享,实施企业信用分类监管。依法公开侵犯知识产权和制售假冒伪劣商品的企业信息,完善对知识产权失信行为的联合惩戒措施。

(四)加强人才培养和引进。支持高等院校根据市场需求设置专业课程,培养适应展览业发展需要的技能型、应用型、复合型人才。鼓励高等院校、行业协会和专业社会培训机构开展合作,认定一批展览业培训基地和实训基地,加强在职人员和定向专业人才培训。建设全省展览组织策划专业人才储备库,大力引进具有国际展会运作经验的高层次人才,积极营造有利于人才发展的良好环境。

(五)规范展览安全管理。严格执行《中华人民共和国消防法》、《大型群众性活动安全管理条例》(国务院令第 505 号)和我省党政机关境内举办展会活动的相关规定,建立展会应急处置机制,落实安保工作责任制,展馆管理单位与展会主办单位共同承担展会的公共安全责任。加强对展会场馆及设施的维修维护,保证展会场所、设施及施工符合国家相关安全标准和安全技术规范。

(六)健全行业统计制度。商务与统计部门要共同建立展览统计分析制度,指导展览企业、展馆管理单位在商务部和我省展览业管理信息系统登记备案,综合运用统计调查和行政记录等多种方式采集数据,做好专项、年度展览业数据统计分析和调查研究工作,全面准确反映全省展览经济发展水平。

五、加强政策支持和引导

(一)加大财政支持力度。积极发挥财政资金的引导作用,统筹使用商务促进、招商引资等财政专项资金,按照政府引导、市场化运作原则,加大对展会信息平台建设、人才培训、企业参展、品牌展会、绿色展会和绿色展馆、展馆升级改造等的支持力度,推动我省展览业加快发展。

(二)落实税收优惠政策。对符合《国务院关于推进文化创意和设计服务与相关产业融合发展的若干意见》(国发〔2014〕10 号)相关规定的创意和设计费用,执行税前加计扣除政策。对符合相关规定条件的会展企业,落实小微企业相关税收优惠政策。

(三)优化金融保险服务。鼓励商业银行、保险、信托等金融机构在现有业务范围内,按照风险可控、商业可持续原则,加大对展览企业的支持力度。引导有实力的融资担保公司根据展览业特点设计产品,为办展机构、展览服务机构和参展企业提供融资服务。支持办展机构、展览服务机构和参展企业在区域性股权交易市场注册挂牌,积极探索股权众筹、政府和社会资本合作(PPP)、风险投资等模式,拓宽展览业融资渠道。鼓励保险机构开发符合展览业特点的保险产品,探索展览责任保险、观展人员意外伤害保险、展品保险等新险种。

　　各地、各部门要切实加强对展览业改革发展的组织领导,健全工作机制,强化协同配合,细化政策措施,确保各项工作任务落到实处。省商务厅要会同相关部门做好指导、督查和总结工作。

河南省人民政府办公厅

2017 年 11 月 7 日

河南省国际性展会项目组织管理办法

（试行）

为做好河南省企业参加国际性展会的组织服务工作,加强对参展活动的规范管理和统筹协调,提高财政资金使用精准度和效益,支持我省企业更好开拓国际市场,经充分调研和借鉴外省做法,制定本办法。

一、本办法所称国际性展会(以下简称"展会")主要是指在境外举办的、参展商来自多个国家和地区的、开展进出口商品和服务展示交易的展览会。

二、支持原则

(一)科学规划、合理布局,巩固传统市场与开拓新兴市场相结合。深耕细作欧美日等传统市场,大力开拓"一带一路"等新兴市场,促进产业调整升级和优化国际市场布局。

(二)集中资源、突出重点,参加自主品牌展会与国际专业性应用型展会相结合。根据我省优势产业和重点出口商品,紧盯重点目标市场,探索举办"自办展""展中展",重点支持参加影响大、效果好的国际知名展会。

(三)分类管理、动态调整,规范管理与市场化运作相结合。

根据国际市场形势变化和我省重点开拓市场,每年提前研究发布下年度展会计划;探索建立展会重点推荐组展机构(服务商)制度,精心组织实施,加强绩效考评,提升境外办展参展实效。

三、分类管理

根据国际市场形势变化和我省重点目标市场,每年四季度收集并发布下年度展会计划。展会按照重要性程度分为重点支持、重点推荐和一般性展会三种类型。确定展会类型的原则:一是商务部在境外主办的品牌展,我省与相关机构在国际性展会期间联合举办的"自办展""展中展"项目;二是我省参展企业数量较多的境外展会(依据上年度开拓国际市场资金支持情况确定);三是我省优势产业及商品出口主要目的地的行业知名展会(依据海关统计和展会知名度确定);四是适当征求知名组展机构、各地商务部门和企业意见,筛选出最适合河南外贸企业的展会项目。

四、分类补助。河南省商务厅(以下简称"省商务厅")会同河南省财政厅(以下简称"省财政厅")统筹使用国家和省级外经贸发展专项资金,对企业参加展会实施分类补助,采用按比例及最高限额相结合的方式,对净展位费(不含装修费用)、参展人员机票费(经济舱)给予不同比例的支持。

(一)一类展会(重点支持展会):商务部主办的专业性境外品牌展和适合我省重点商品出口的部分境外品牌展;我省与商务部外贸发展事务局、国家级行业商协会、知名展览公司在国际性展会期间联合举办的"自办展""展中展"项目。

补助标准:对企业参展净展位费按不高于90%给予补贴,单个展位最高补贴不超过4万元,单个展会单个企业展位费最高补贴不超过8万元(汽车、机械装备等行业企业以大型实物商品参展,单个展会展位费最高不超过36万元)。对参展人员机票费给予不超过90%的补贴,单个展会单个企业补贴人数不超过2人,参加亚洲展会每人机票补贴不超过1万元,参加其他地区展会每人机票补贴不超过1.5万元。配合省委、省政府重大经贸活动出访的企业人员,享受一类展会机票补贴标准。

(二)二类展会(重点推荐展会):适合我省外贸产业发展和国际市场布局需要、国际影响力较大的重点组织参展的展会。

补助标准:对企业参展净展位费按不高于70%给予补贴,单个展位最高补贴不超过3.2万元,单个展会单个企业展位费最高补贴不超过6.4万元(汽车、机械装备等行业企业以大型实物商品参展,单个展会展位费最高不超过28万元)。对参展人员机票费给予不超过70%的补贴,单个展会单个企业补贴人数不超过2人,参加亚洲展会每人机票补贴不超过0.8万元,参加其他地区展会每人机票补贴不超过1.2万元。

(三)三类展会(一般性展会):企业根据开拓市场需要自主参加的专业型及应用型细分领域展会。

补助标准:对企业参展净展位费按不高于50%给予补贴,单个展位最高补贴不超过 2.3 万元,单个展会单个企业展位费最高补贴不超过 4.6 万元(汽车、机械装备等行业企业以大型实物商品参展,单个展会展位费最高补贴不超过 20 万元)。对参展人员机票费给予不超过 50% 的补贴,单个展会单个企业补贴人数不超过 2 人,参加亚洲展会每人机票补贴不超过 0.5 万元,参加其他地区展会每人机票补贴不超过 0.8 万元。

五、申请展会补贴的企业应具备下列条件:

(一)依法在河南省内登记注册并具有独立法人资格。

(二)具备进出口业务经营相关资质。

(三)在外贸、财务、出口退税、外汇管理、进出口口岸监管等方面无严重违法违规行为。

(四)项目真实发生且已经完成,并对项目真实性作出书面承诺。

(五)按项目评审要求提交相关材料。

六、建立展会重点推荐组展机构(服务商)制度。申报重点推荐组展机构须按照《重点推荐组展机构评审打分办法》(省商务厅另行制定并公布)准备相关申报材料,由省商务厅进行综合评价、择优确定。对重点推荐组展机构实行动态调整,每两年评定一次。重点推荐组展机构须承诺并积极配合省商务厅规范组展参展行为,每年初就拟组展项目报备展位、人员等预计费用,在公平竞争的原则下及时、规范、专业、严谨开展招展组展工作;根据省商务厅对组展能力、服务质量的要求,及时调整改进相关工作;积极协助服务企业做好扶持资金申报工作,不虚报或多报经费开支;协助省商务厅建立完善参展企业资料库,对参展企业开展问卷调查及展会项目绩效评估,每年末向省商务厅报送本年度河南企业参展项目情况、参展成效等。

七、省商务厅积极引导省内企业优先选择重点推荐组展机构组展服务,对使用重点推荐组展机构服务的参展企业优先给予支持;境外"自办展""展中展"项目的服务商,从重点推荐组展机构中产生。企业参加展会未使用重点推荐组展机构服务的,同一展会同一类型展位补贴金额原则不超过重点推荐组展机构的标准。

八、建立健全展会监督管理制度。为加强展会活动的管理,监督展会服务商提高服务水平,省商务厅每年选择部分展会项目进行绩效评估,建立展会服务商黑名单制度,对虚开发票骗补、不履行协议造成企业投诉较多、违反相关法律法规的,列入黑名单并以一定方式向省内企业公布,五年内不再接受其组展项目申报。

九、本办法自发布之日起试行,根据实际情况适时调整,由省商务厅会同省财政厅负责对相关条款进行解释。

河南省商务厅　河南省财政厅
2020 年 3 月 19 日

河南省会展行业行规公约

第一章 总则

第一条 为了规范河南省会展业市场秩序,优化会展环境,提高办展质量和效益,塑造行业整体形象,树立良好职业道德风尚,强化行业自我管理、自我发展能力,保障行业整体利益,维护会展企业合法权益和公平竞争的市场秩序,促进河南会展行业健康有序发展,根据国家有关法律法规、行政法规、河南省会展业商会章程特制定《河南省会展行业行规公约》。

第二条 本公约以规范河南省展览市场秩序,改善并优化展览环境,提高办展质量和经济效益,全面提高行业素质,促进行业发展为宗旨。

第三条 本公约适用于河南省会展业商会(以下简称商会)会员企业和全行业一切展览活动,其他在河南行政区域内凡从事与展览有关的企业、团体和个人应遵守本行业行规公约。

第四条 本公约由河南省会展业商会理事会负责制定并组织实施、监督、检查和管理。

第二章 举办展览的基本原则

第五条 为了保证组织展览的质量,展览举办单位应当具备展览经营资格和相应的资质,具备一定的资金实力。提倡组织展览保证有半年或半年以上的运作时间,并应将组织买家及参展商作为组织展览的重要工作,以保证展览举办的效益和质量。

第六条 展览举办单位、展览场馆应当遵守"诚实、信用"的原则,在进行会展的经济活动中信守合同,真实、准确、公平、负责地履行合同及招展说明书承诺的服务。

第七条 各会展企业等要文明经营,合法办展,不得以弄虚作假、欺诈瞒骗等手段侵犯参展商、与会者和消费者的合法利益;坚决制止不正当竞争和违规经营行为;不得以不正当手段侵犯同行利益、商业机密,不得以任何方式诋毁同行企业。

第八条　展览举办单位必须有展览经营资格的企业资质,具有一定资金实力和办展能力。

第九条　凡在本省辖市范围内举办各类展览会(含交易会、展销会)要有正式批文,没有批准、没向当地工商部门登记备案的展会不得对外发布广告和进行招商,凡邀请主办、协办、支持单位的应事前征求各有关单位的书面同意,不得冒名侵权。

第三章　优先权原则

第十条　在本省内同一城市申办同类展览,使用同一展馆或不同展馆但同一展期的,上一年已经在本省成功举办过的申办单位具有优先权,即来年在同一展期举办该展会的优先权,后申办单位原则上应当遵守该原则。如果一定要使用他人展期,应当与他人协商,通过赎买的方式解决。

第十一条　后申办单位在不同展期举办同类展览的,应当与先举办单位的展期前后相隔至少3个月,提倡同类题材展会强强联合。

第四章　尊重知识产权原则

第十二条　由于培育品牌展览需要进行前期策划、市场调研,并要投入大量的时间、资金和人力,因此在申办同类展览时,后申办单位应当尊重他人的劳动和知识产权,在申办展会名称及举办同类展览时,不得与他人正在使用的展览名称相同或相近似。

第十三条　后申办单位如果希望使用他人正在使用的展会名称,应当与该展会名称使用人协商,通过有偿转让获得该展会名称。

第五章　有序竞争与合作

第十四条　提倡有序竞争,促进双赢。鼓励展览举办单位采用合法手段,在展览策划、展览组织、展览技术、展览设计、成本控制、营销策略、展览服务、人才使用等方面进行竞争。

第十五条 鼓励行业商协会与专业展览公司之间,同类型展览项目之间合作办展,以发挥各自的资源优势,将展览做强做大。

第十六条 举办展览是一种投资行为,投资各方在签订书面合作协议时,应明确记载各方对项目的投资比例、投资方式、项目原无形资产的作价(如展览名称、展览策划、展览经验及举办展览积累的资源等)比例,各方的权利、义务、风险责任的承担,违约责任,合作年限,项目实施完毕后的分成或亏损承担,展名所有权,新增有形、无形资产的归属,项目股权的转让或赎买原则,合同的风险,终止条件等。

第六章 展览场馆服务

第十七条 为了保护本省本地的品牌展览,吸引国内外名牌展到河南举办,展览场馆引入市场竞争机制,在展场标准、展位搭建、展场饮食服务、展场运输、展场礼仪布置等展场服务方面,允许办展单位自由选择服务提供商。

第十八条 场馆租赁排期,应遵循本公约的规定,对违反上述原则的展览,应当劝其遵守上述原则。

第七章 行业管理

第十九条 河南省会展业商会是河南会展业的维权、咨询、协调、统计、提供信息、制定行规并监督实施的社会团体,肩负维护会议展览企业合法权益的重任。

第二十条 为了维护大多数展览举办单位及参展商的利益,商会对急于求成、草率开展,损害河南会展业整体形象,不信守合同,招展说明不实,在招展宣传中诋毁他人展览项目,随意将没有经过确认的主、协办、支持(赞助)单位列入宣传范围,在招展活动中进行价格欺诈的;参展商在展览活动中有欺诈、销售假冒伪劣产品行为的;利用职权,采用不正当竞争手段侵占他人已经预定的展期、展会名称及展会其他知识产权,挤垮他人展会等违规行为的,接受举报并负责进行调查、调解、协调和处罚,并追究相关单位责任。

对严重违反行规,造成不良影响和损害举办单位,商会将根据情节轻重予以如下处理:提出警告,行业内通报,取消评优资格,取消会员资格,新闻媒体曝光;对利用招展说明欺骗参展商、进行价格欺诈且情节严重的,依法交由执法部门追究法律责任。

第二十一条　会议展览的统计分析是展会组织的重要工作之一。商会倡议举办展览采用"观众登录信息化服务"手段,统计数据至少应包括展览净面积、参展企业和参观商的分类统计。各办展单位有义务在每年底将来年在本省举办展览的计划报告商会。商会将通过网站向会员企业及有关单位提供需要的展览统计数据。

第二十二条　商会将根据各展览举办单位提供的上述展览统计数据,进行展览年度评选活动。评级活动规则将参考《专业性展览会等级的划分及评定》(SB/T 10358—2012)另行拟定。被评为当年举办展览成功的单位,商会将通过媒体及现代会展协作网张榜公布,并作为来年继续在同期举办展览的依据。

第八章　附则

第二十三条　本公约经会员单位充分讨论,民主协商,由全省会展行业共同制定,代表了大多数会展企业和会员单位的利益,是河南会展业展览举办单位对社会的承诺及行为准则,每一个会展举办单位有责任也有义务遵守公约,形成行业集体的声音,为行业的发展谋取更加公平、公正的竞争环境。

第二十四条　本行业规范目前只涉及展览举办方面的规则,由河南省会展业商会理事会负责解释和修改。

第二十五条　本公约如有不符合国家法律、法规和政策规定的,以国家法律、法规和政策为准。

第二十六条　本公约由商会理事会讨论通过,2011 年 9 月 29 日起施行。